PETITE
BIBLIOTHÈQUE

ÉCONOMIQUE ET PORTATIVE,

OU

COLLECTION

DE RÉSUMÉS

SUR

L'HISTOIRE ET LES SCIENCES,

PAR

UNE SOCIÉTÉ DE SAVANS ET DE GENS
DE LETTRES.

à 60 cent. le vol.

pour les Souscripteurs, et 75 c. séparément.

19ᵉ *livraison.*

HISTOIRE DE LA SUISSE.

PARIS,

DAUTHEREAU, LIBRAIRE,

Grande cour du Palais-Royal.

1826.

BIBLIOTHÈQUE

Economique.

TOME XI.

IMPRIMERIE DE CASIMIR,
rue de la Vieille-Monnaie, n° 12.

HISTOIRE

DE

LA SUISSE.

L'instruction est l'amie de tous.

A PARIS,

CHEZ DAUTHEREAU,

A LA LIBRAIRIE AU RABAIS,

Grande cour du Palais-Royal, côté du Théâtre-Français, n° 21 *bis*.

1826.

HISTOIRE

DE

LA SUISSE.

LA contrée nommée Helvétie dans les temps anciens, et Suisse depuis le seizième siècle, a pour limites naturelles les Alpes, le Jura, le Léman, le lac de Constance et le Rhin. La nature s'est plue à y réunir tous les climats, tous les produits, tous les aspects. Aussi l'univers, avec empressement, visite-t-il ce petit coin du monde; les poëtes de tous les pays viennent y chercher des inspirations; le jeune peintre y recueille les brillantes couleurs qui doivent un jour illustrer sa palette. La moisson de l'homme d'état n'y est ni moins curieuse, ni moins abondante. Avec quel intérêt ne contemple-t-il pas le réveil de tant de tribus primitives, étrangères les unes aux autres, isolées à de si faibles distances et conservant, sur un terrain inégal, des mœurs, une administration et un langage si différens ?

C'est dans Hérodote que s'offrent les premières traces du peuple dont nous nous occupons. Cet historien appelle leur contrée *les tristes lieux habités par les Celtes*; Appollonius de Rhodes désigne sous le nom de *lac du désert* ce beau lac de Genève qui fait l'admiration des voyageurs, et Festus nomme les Alpes *les colonnes neigeuses du soleil*. La Suisse, alors plus sauvage que les forêts vierges de l'Amérique, vit apparaître dans ses valons une partie des Phocéens échappés au glaive de Cyrus. Ils y laissèrent quelques germes de civilisation. Mais, en général, l'antiquité ne nous donne que de bien faibles lumières sur l'existence des habitans de l'Helvétie. Ignorés de l'univers, ayant peu de besoins et peu de désirs, ils ne méritèrent d'occuper un rang parmi les peuples qu'à l'époque où, devenus les alliés des Cimbres, ils firent trembler les légions romaines. *Diviko* le premier les mena au combat. Il battit Lucius Cassius, et, après avoir fait mettre bas les armes à ses soldats, il les contraignit à passer ignominieusement sous le joug. Une nouvelle armée consulaire, forte de quatre-vingt mille hommes, accourt en toute hâte pour venger cet affront, et elle est taillée en pièces. Mais Marius paraît enfin, et bientôt la fortune a changé de face. A leur tour les Barbares sont mis en déroute; et Diviko regagne en murmurant sa retraite devant Marius, qui, étonné de sa victoire, n'ose pas en poursuivre les résultats.

A Marius succéda César, qui devait achever son ouvrage. L'approche de ce général fit prendre aux Helvétiens une de ces résolutions singulières que la présence du danger peut seule inspirer aux peuples nouveaux. Hordrich, un de leurs chefs, leur proposa d'émigrer dans les Gaules. On adopta son projet ; mais pendant les trois années, consacrées aux préparatifs de ce grand départ, il fut soupçonné d'aspirer à la tyrannie, et, craignant la vengeance du peuple, il se donna la mort. L'émigration ne s'en effectua pas moins. Au bout de trois ans, trois cent soixante mille individus, hommes, femmes, enfans, ayant à leur tête le vieux Diviko, quittent le sol de la patrie à la lueur de l'incendie de douze villes et de quatre cents villages. Mais César était là pour les arrêter. Malheureusement pour Rome, il n'avait avec lui qu'une seule légion. La ruse suppléa à la force qui lui manquait ; il feignit de se rendre, les laissa s'engager dans les gorges du Jura, et tomba sur l'arrière-garde avant qu'elle eût passé la Saône.

Les Suisses demandent à entrer en

pourparlers. Les conditions du général romain sont inadmissibles. Le combat s'engage, il est long et meurtrier, mais enfin la discipline triomphe du courage. Les femmes et les enfans environnés de chariots se donnent la mort avec héroïsme. De trois cent mille Helvétiens, à peine en échappa-t-il la trentième partie, que le vainqueur renvoya sur les ruines de leurs foyers. Une division de l'armée romaine, retranchée dans les meilleures positions, fut chargée de la surveillance des vaincus. Le reste des vainqueurs garda les défilés des Alpes. Les habitans du Bas-Valais, qui n'avaient pris aucune part à cette insurrection, s'indignèrent de se voir punir comme ceux qui l'avaient déterminée, et inquiétant sans cesse les légions de Galba, ils les forcèrent à regagner Genève. Les Romains ne tardèrent pas à revenir avec des renforts ; ils tombèrent sur les Barbares, les soumirent et brûlèrent leurs habitations.

Mais il était écrit qu'une révolte succéderait sans cesse à une autre révolte, et la paix fut bientôt troublée par les habitans de la vallée du Rhône, descendans d'une colonie de Tyrrhéniens qui, fuyant devant les aigles romaines, avaient porté leurs penates, d'abord en Toscane, puis dans les Alpes. Ils se croyaient invincibles à l'abri de leurs glaciers et de leurs lacs. Auguste leur fit expier cruellement cette sécurité. Le jeune Drusus, à la tête des deux armées, les écrasa. On vit de courageuses femmes accourir au devant des épées, y jeter leurs enfans et s'y précipiter ensuite.

César, le premier historien de l'Helvétie, trouve dans l'ancienne organisation de ce peuple, le germe de cette fédération qui devait faire un jour sa force. Ils étaient, dit-il, divisés en quatre *pays* ou États indépendans, séparés d'intérêts, liés pour la défense commune, et envoyant des députés au grand conseil, *totius Galliæ consilium.*

Avec les Romains, la civilisation pénétra dans l'Helvétie ; des routes furent tracées, des terres furent défrichées, le Rhin se couvrit de radeaux, et la richesse fit oublier l'esclavage ; mais insensiblement les excès de leurs maîtres réveillèrent dans le cœur des Helvétiens le sentiment de leur ancienne indépendance. Une lutte s'engagea entre eux et les soldats d'une légion dont l'office était de lever les taxes, et qui se nommait elle-même *la rapace* (l'an 260). La fortune et la tactique triomphèrent encore, et le sang coula à grands flots. Cette guerre dépeupla tellement ces vallées, que Vespasien fut obligé d'y envoyer une colonie de vétérans. Des députés allèrent enfin se précipiter aux pieds de Vitellius, qui voulut bien jeter un voile sur le passé, et accorder cent ans de repos à ces esclaves.

C'est ici que vient se placer naturellement la borne qui doit séparer l'antiquité du moyen âge. Nous allons voir des milliers de Barbares fondre des extrémités de la terre et mettre tout sur leur passage à feu et à sang. Ces lueurs de l'esprit humain, qui brillaient encore par intervalles, vont être éclipsées par les ténèbres de la barbarie. Les Germains, et ensuite les Bourguignons, occupèrent et se partagèrent l'ancienne Helvétie. La présence des premiers fut marquée par le pillage et l'incendie ; les seconds rebâtirent Genève et fondèrent Lausanne. La législation des Germains était celle de la conquête ; ils couvraient le pays de ruines et réduisaient les habitans à l'esclavage. Les Goths, maîtres de l'Italie, commandaient en Rhétie et se montraient assez humains. Les Bourguignons, moins barbares encore, donnaient aux vaincus leurs mœurs, leurs usages, leurs lois, et cette langue romane qui existe encore à peu près dans les cantons de Vaud, de Neufchâtel et de Fribourg. Mais Attila paraissait à la tête de ses hordes indomptables, faisait couler sous les mêmes coups le sang de tant de nations diverses, et ne laissait après lui qu'un long et funeste carnage. Les Francs lui succédaient, profitaient habilement des dissensions, et, après cinq cents ans, restaient seuls maîtres de l'Helvétie. Les crimes des Mérovingiens vinrent éclipser ceux des Atrides. Le remords peupla les cloîtres, et la Suisse vit s'élever les monastères de Saint-Ursicin, de Saint-Imer et de Moûtier-Grand-Val.

Le ravage était descendu du nord ; ce fut du nord aussi que descendit la lumière. Depuis le sixième siècle, au milieu de l'ébranlement de l'univers et presque sur les glaces du pôle, vivaient, dans le collége de *Hi* ou *Jona*, à Ikolmkill, des hommes qui ne respiraient que l'instruction, la piété et l'indépendance. De cette retraite studieuse s'élancèrent des philosophes religieux, chargés de régénérer la terre. Gall, Magnoald, Colomban et plusieurs autres d'entre eux, fondèrent, vers l'an 600, les couvens de Saint-Gall, de Beromunster et de Dissentis. Les Francs plantèrent la vigne sur les bords du Léman; les moines la cultivèrent; de douces croyances succédèrent à la superstition, et la barbarie parut un moment suspendre ses conquêtes.

Cette trève ne fut pas de longue durée; de nouvelles hordes pénétrèrent en Rhétie; mais engagées dans les défilés des montagnes, elles y laissèrent leurs plus vaillans guerriers. A partir de cette époque, les ténèbres couvrent la face de la terre; les moines et les rois ne savent plus apposer au bas de leurs actes que le signe de la croix; les chroniques se taisent et l'abrutissement devient universel : il dura jusqu'à Charlemagne. Ses fils, s'étant partagé ses domaines, l'Helvétie, qui avait appartenu jusqu'alors au duché de Souabe, fut incorporée, en 888, à l'empire d'Allemagne, à l'exception des pays situés entre le Saint-Bernard et le Jura, qui devinrent la propriété de Rodolphe, premier duc de Bourgogne. De là de longues guerres entre ce prince et l'empereur Arnould; de là le soulèvement des ducs contre les rois, des comtes contre les ducs, et l'accroissement de pouvoir des évêques, qui, nommés par le clergé et le peuple sans la participation des rois, se constituèrent les champions de l'indépendance et de la liberté.

Sur ces entrefaites, de belliqueux sauvages, auxquels les historiens donnent indistinctement les noms d'Arabes, de Hongrois et de Sarrasins, accourent des bords de la mer Noire, et paraissent deux fois en Suisse dans l'espace de trente ans. La flamme et le fer signalent leur passage, et les noms de *maur*, *murs*, *mauro-fonte* en conservent le souvenir. Il fallait opposer des digues à ce torrent. Des forteresses s'élevèrent à Saint-Gall, à Bâle, à Lucerne, à Schaffhouse, à Soleure. Tout concourut à préparer de loin la liberté. Les moines et les grandes dames cultivèrent les lettres; la population afflua sous les nouveaux remparts; les couvens eurent des terres qu'ils firent défricher par leurs serfs; les corporations bourgeoises et les maîtrises s'organisèrent; mais les nobles, retirés dans leurs châteaux, virent avec regret les fleurons de leur puissance se détacher pièce à pièce; les uns essayèrent de les retenir les armes à la main; d'autres, plus habiles, se mêlèrent au mouvement qui les entraînait et eurent des serfs à l'exemple des abbés. Vers l'an 1170, le pays était couvert de hameaux, de bourgs et de villages. Les villes, encore peu nombreuses, faisaient des alliances entre elles et avec les villes impériales de la Souabe et du Rhin.

L'aurore de la liberté commençait à briller sur les monts helvétiens. Les nobles, en courant à la croisade, laissaient le champ libre aux bourgeois et aux serfs, qui, maîtres des domaines qu'on leur abandonnait, repoussaient de pesans priviléges, pour devenir indépendans sous la protection immédiate de l'Allemagne. Cette liberté n'était pas exempte de barbarie. Le vol de cinq sous emportait la peine de mort, à Fribourg. L'étranger qui frappait un bourgeois, avait la peau arrachée de la tête, et, par une contradiction révoltante, trois sous d'amende étaient le seul châtiment du bourgeois qui frappait un étranger. Le jugement de Dieu était encore en vigueur, et une femme de Berne triompha en 1288, en le soutenant contre un homme. Mais on voyait aussi les habitans de Glaris s'assembler pour élire leurs magistrats et discuter leurs intérêts. Arnal de Brescia, élève d'Abeilard, essayant, trois siècles avant Luther, d'y introduire une réforme religieuse, allait périr à Rome, sur un bûcher. Cependant les germes de sa doctrine fructifiaient, et les paysans commençaient à secouer le joug des moines comme ils avaient secoué celui des seigneurs. Ceux - ci regardaient déjà leurs vassaux avec plus de bienveillance. Pierre de Savoie secourait les bourgeois de Berne, et voyait à son tour cinq cents jeunes Bernois l'accompagner dans ses expéditions et contribuer à ses victoires. « Camarades, leur dit - il en les congédiant, que puis-je faire pour vous ? — Nous rendre notre charte, répondit le banneret de Berne. » Cette demande ne fut point rejetée et les Bernois furent libres jusqu'à la mort du héros.

En 1248, les bourgeois de Zurich résistèrent à l'interdit du pape et exilèrent leur clergé, qui refusait de célébrer le service divin. Trente ans après, les communautés d'Uri, d'Underwalden et de Schwitz, inconnues jusqu'alors, et à Rome, et à l'épée d'Attila, et à la féodalité elle-même, et que les Suisses désignaient sous le nom de Waldstœtten, ou *cantons des bois*, eurent une vive contestation avec les moines de l'abbaye d'Ensielden, relativement aux limites de leurs pâturages respectifs. L'affaire fut soumise à l'empereur Henri II, qui se prononça pour les moines.

Les bergers bravèrent la colère du monarque; ils furent mis au ban de l'empire; l'évêque de Constance les excommunia; mais les foudres royales et ecclésiastiques n'effrayèrent pas ces sauvages enfans de la liberté, et l'empereur Frédéric II se vit forcé de reconnaître leur indépendance. Cette haine de l'esclavage se propageait insensiblement vers le nord. Plusieurs bourgs, entre autres celui d'Appenzell, échappaient à la domination de l'abbé de Saint-Gall, et jouissaient, sous la protection de l'empire, du droit de choisir dans leur sein leur landermann, leur conseil et leur tribunal. Le Haut-Valais était libre, et ses habitans vivaient sous la sauve-garde de leurs lois. Les seules Alpes Rhétiennes restaient en core courbées sous les priviléges des abbés et des seigneurs.

A nos regards s'offre le château d'Halsbourg, berceau d'une famille pauvre, qui devait s'asseoir sur le trône d'Autriche et conquérir une grande partie de l'Europe, de l'Asie et de l'Amérique. Rodolphe, l'héritier de ce nom, commanda dans quatorze batailles, et les gagna toutes. Son élévation fut utile à la Suisse. Avant d'être empereur, on l'avait vu réprimer l'orgueil des bourgeois. Quand il eut ceint le bandeau, il voua tous ses soins à la prospérité de ses États. Pour abaisser les grands, il donna des priviléges aux villes ; pour avoir de fidèles alliés, il consolida les libertés de l'Helvétie. Mais, s'étant déclaré le protecteur des juifs, contre lesquels Berne nourrissait une haine profonde, il fut obligé de marcher contre cette petite ville, qui résista courageusement au plus puissant monarque de l'Europe. Le siége fut levé, et ce ne fut qu'un an après, que l'empereur obtint satisfaction. Il stipula, pour toute condition, *une messe à dire pour les âmes des morts.*

Rodolphe avait délivré l'Helvétie, en servant ses propres intérêts. Il laissa à son fils Albert la tâche de la tyranniser. La Suisse pénétra sa pensée tout entière; elle vit que le but de ce souverain était de la métamorphoser en apanage du duché d'Autriche. Cette appréhension, trop fondée, produisit la confédération helvétique. Elle prit naissance dans les cantons des Bois, renommés, de tous temps, pour leur énergie, leurs vertus et leur patriotisme.

Cependant quelques princes allemands secouaient le joug despotique d'Albert, et mettaient la couronne sur la tête d'Adolphe de Nassau. D'autres se déclaraient pour le tyran, et juraient d'écraser ses ennemis. L'armée autrichienne ravage l'évêché de Constance; Adolphe perd, dans une bataille, la victoire et la vie. Les cantons des Bois demandent à Albert la conservation de leurs anciennes franchises : sa réponse est un refus. On court aux armes. Berne et Zurich repoussent les légions impériales, qui, honteuses de leur défaite, vont inonder de sang le village de Glaris.

Ne pouvant réussir par la force, Albert a recours à la ruse, ressource ordinaire des lâches. Il tente de séduire les Suisses, leur promet des fiefs, et veut créer des chevaliers parmi eux. Werner d'Uri lui répond qu'ils ne demandent que la liberté ; et cependant deux serviteurs du monarque étranger arrivent bientôt, dans ces vallées, avec les titres de gouverneur impérial et de grand-juge, fonctions toujours confiées, jusque-là, à des seigneurs suisses. L'un se nomme Guessler, l'autre Landenberg. L'un occupe le château de *Sarnem*, l'autre fait bâtir un fort, près d'Altorf, qu'il appelle *Twin-Hoff*, la citadelle de la Force. Le despotisme de ces proconsuls ne connaît pas de bornes. Landenberg fait saisir une paire de bœufs à Arnold de Melchtal et lui dit : « Tu n'as pas besoin d'attelage ; paysan, traîne ta charrue. » Arnold frappe, de son bâton, le valet du tyran, et prend la fuite. Son père est arrêté, malgré son grand âge, et il a les yeux crevés. La femme de Stanffacher de Steinem dit à son mari : « Je ne veux plus nourrir tes fils pour qu'ils soient mendians, et tes filles pour que les étrangers les déshonorent. Il n'y a plus d'hommes, il n'y a que des lâches dans nos montagnes ; tue-moi ! » Électrisé par ce reproche, Stanflacher va trouver Walter Furst, chez qui Arnold s'était réfugié. Ces trois hommes méditent ensemble sur les malheurs de leur pays, et sur les moyens de le rendre à la liberté. C'était vers le commencement de novembre 1307. Une nouvelle réunion a lieu le 17, au milieu de la nuit, sur les bords du lac des *Waldstœtten*, près du petit village de Grutli.

Chacun des trois conjurés amène dix hommes dévoués. Ils jurent tous, en présence du ciel, de venger leur patrie ou de mourir. L'exécution du complot est fixée au 1er janvier.

Guessler, si l'on en croit les vieilles chroniques, avait fait placer son chapeau, peut-être le chapeau ducal de l'Autriche, au bout d'une perche, et avait intimé aux habitans l'ordre de s'incliner devant ce signe du pouvoir. Un des hommes de Grutli, Guillaume-Tell, passe et ne salue pas. Il est arrêté et conduit enchaîné devant Guessler, qui lui commande d'abattre avec une de ses flèches une pomme placée sur la tête de son fils. On attache l'enfant, le trait part, la pomme est renversée ; le peuple pousse un cri de joie. *Eh pourquoi cette autre flèche ? demande Guessler. — Pour toi, répond Tell, si j'avais frappé mon fils*. Le gouverneur furieux monte avec

---

* Le célèbre Haller osa , en 1760, prouver dans

le montagnard sur une barque qui doit transporter le coupable dans une forteresse située à l'extrémité du lac. Une affreuse tempête s'élève. Les secours de Tell deviennent nécessaires. On détache ses fers; il dirige la barque vers un roc nu, s'y élance et la repousse. Tell est sauvé, Guessler reste le jouet des vagues. Tell va se cacher dans un chemin creux; et y attend le gouverneur. La corde siffle, le trait part, Guessler n'est plus. Une chapelle a été construite sur le rocher de Tell et la multitude s'y rend chaque année en pélerinage.

Enfin, il a lui ce premier jour de l'an 1308, si impatiemment attendu. Les paysans s'introduisent, par ruse, dans plusieurs châteaux. Stanffacher et ses hommes démolissent celui de Landenberg. Walter - Furst et Tell s'emparent de la forteresse de Guessler.

un écrit la fausseté de cette tradition. Son livre fut condamné au feu.

Des feux de joie éclairent les flancs des Alpes. La liberté est de retour, et les cantons jurent une alliance éternelle.

A cette nouvelle, l'empereur accourt, mais il est assassiné en face du château d'Halsbourg, berceau de sa famille. Son neveu, Jean d'Autriche, lui perce la gorge en s'écriant : « Tiens, voilà le salaire de ta tyrannie. » Léopold et Agnès, enfans du despote, s'abandonnent aux excès de la plus horrible vengeance. Le nombre des victimes de leur fureur s'élève à plus de mille. Un monastère est fondé par Agnès sur le lieu même du crime, et elle y vit cinquante ans dans les austérités. Le meurtrier et ses complices ne trouvent aucun asile chez les Suisses, ennemis jurés d'Albert. Les hommes libres combattent un adversaire, mais ils ne l'assassinent pas.

Henri VII, successeur d'Albert, ratifia les nouvelles prérogatives des Suisses. Il avait besoin d'un appui contre les seigneurs trop puissans, et

il le croyait trouver dans la bourgeoisie. Les troupes des *Waldstætten* le
suivirent en Italie.

Le curé, le maître d'école et quelques moines d'Einsielden avaient bat-
tu et blessé des habitans de Schwitz.
Ceux-ci fondent sur l'abbaye, s'en emparent et font un petit nombre de
prisonniers qu'ils relâchent bientôt. Le
duc d'Autriche, qui briguait l'empire,
s'était déclaré pour les moines. Les
Suisses embrassèrent le parti de Louis
de Bavière, son concurrent. Un ecclé-
siastique les excommunie, un autre
lève l'excommunication. Frédéric ,
frère de Léopold, conduit contre les
confédérés , une armée formidable.
Les confédérés, qui ne sont qu'au nombre de treize cents, implorent à genoux l'aide de Dieu, *leur unique seigneur*, vont se porter dans un défilé
marécageux, entre le mont Morgasten
et le lac Ægeri, et s'élancent au point
du jour sur les agresseurs. Cavalerie,
infanterie, tout est culbuté, et Léo-

pold s'enfuit, après avoir laissé neuf cents hommes sur le champ de bataille, tandis que les confédérés n'en avaient perdu que quatorze. Une seconde armée n'arriva que pour éprouver le sort de la première. Les vainqueurs se prosternèrent sur le champ de bataille, pour remercier Dieu de ce miracle. Pendant des siècles l'anniversaire de ce grand jour fut célébré au pied du Morgasten.

Un nouveau pacte fédéral rédigé en 1316 à Brounnen, réunit les peuplades des lacs et des montagnes en une seule république composée de cantons. Il est arrêté que le consentement unanime sera nécessaire pour le choix d'un protecteur étranger, que les juges seront pris dans le sein de chaque canton, que la mort enfin et la confiscation des biens puniront désormais celui qui enfreindra les lois de l'union. Telle est la véritable fondation de la Suisse, à laquelle les hommes de Schwitz donnèrent leur nom.

La confédération jouissait de nombreux priviléges parmi lesquels le droit de bourgeoisie n'était pas le moins remarquable. Les nobles, poursuivis par un rival, ou menacés des vengeances de l'empire, se hâtaient d'acheter cette sauve-garde. Elle était sacrée. C'était un culte, une adoration, une espèce d'idolâtrie. En 1332, Schaffhouse, Rheinfelden et Neufchâtel sont forcées de prêter de l'argent à l'empereur. Lucerne veut se soustraire à cette exigence; elle se fait admettre dans la confédération. L'Autriche irritée, court aux armes, prononce la confiscation des biens des habitans et vient les investir dans leur ville. Ils résistent courageusement. Le canton de Schwitz tente une diversion en leur faveur et pousse une reconnaissance jusqu'au sein de l'empire. Enfin, les ducs d'Autriche, après des efforts inouis, consentent à soumettre le différend à neuf magistrats de Berne, Bâle et Zurich, qui concluent la paix.

Les fruits de la liberté se font déjà sentir (1340). Zurich a ses marchés de chevaux, de bétail et de drap fabriqué dans la ville même. On y manufacture de la toile ainsi qu'à Saint-Gall. Genève fait un grand commerce de productions du Midi. La vertu, l'humanité, suivent les progrès des arts. Les Soleurois, quoique assiégés par le duc Léopold, vont porter du secours à leurs ennemis, qu'une inondation de l'Aar menace d'engloutir. Ravi de cette conduite, le prince demande à être introduit dans la place avec trente chevaliers, obtient cette faveur, présente une bannière blanche aux habitans et leur offre la paix. La réformation s'annonce déjà, et les cordeliers de Bâle prêchent contre les abus de l'Église. Les mœurs sont pures, la frugalité est en honneur, la pensée s'élève, la littérature se forme, et les troubadours chantent l'amour et la religion.

Zurich obéissait (1353) à une aristocratie héréditaire, dont l'esprit était essentiellement démocratique. Cette autorité eût pu se soutenir ; son orgueil la perdit. Un homme habile, Rodolphe Broun, prête l'oreille aux murmures du peuple, saisit le pouvoir, et, substituant le despotisme d'un seul à celui de plusieurs, concentre l'autorité dans sa personne en se donnant le titre de bourgmestre à vie. Entouré de la faveur populaire, il appelle les artisans au conseil, s'en sert pour assujettir les nobles et n'a pas de peine ensuite à rendre esclave le peuple, que ses bienfaits avaient gagné. Nouveau Dracon, il fait couler du sang au nom de la loi, emprisonne, exile, coupe les mains, crève les yeux. Mais Zurich prospère, et, par ses soins, elle devient membre de la confédération.

Cependant les bannis, réfugiés à Rapperschwyll, ont résolu la perte du dictateur. Une conjuration est ourdie ; elle est dénoncée par un garçon boulanger, à qui le hasard l'a découverte. Déjà plusieurs conspirateurs s'étaient glissés dans la ville et avaient gagné la garde du bourgmestre. Éveillé en sursaut, il endosse sa cuirasse et court pieds nus se réfugier à l'hôtel-de-ville, d'où il donne l'alarme par la fenêtre. Le tocsin retentit. Les conjurés errent en désordre. Les femmes font pleuvoir sur eux des pots, des pierres, des ustensiles de ménage. Un affreux combat s'engage dans les rues. La victoire se décide pour le lâche bourgmestre, et les vaincus périssent dans les tortures. Rapperschwyll, où le complot a été tramé, n'est bientôt qu'un monceau de cendres. Le duc Albert d'Autriche veut venger cette malheureuse ville et court mettre le siége devant Zurich, qui, aidé de ses voisins, résiste opiniâtrément. Glaris, sommée d'entrer dans le parti des assiégeans, se révolte et les met en déroute. L'armée autrichienne, forte encore de quatre mille hommes, est campée près de Bade. Broun forme le projet de la surprendre ; mais à l'approche de l'ennemi il fuit, laissant ses troupes aux prises avec lui. Un chef plus brave se trouve par bonheur dans les rangs. Rudiger - Manesse s'empare du commandement, tombe sur les Autrichiens. et rentre vainqueur à Zurich avec six bannières conquises. L'amour des habitans, pour Broun, était si fort que sa lâcheté ne diminua en rien son crédit.

Les progrès de la confédération deviennent de jour en jour plus rapides. Elle reçoit dans son sein le canton de Zug, que l'Autriche avait abandonné dans ses besoins. Vainement Albert cherche à rompre cette chaîne. Vainement, à la tête de trente mille hommes, il vient encore assiéger Zurich. Repoussé vivement, il a vu bientôt, disparaître sa brillante armée. Berne qui avait été forcée de se ranger sous les bannières de l'empire, voulant désormais se soustraire à cette nécessité, se fait aggréger à la confédération. L'empereur Charles IV épouse la querelle d'Albert et conduit (1360) cinquante mille hommes devant Zurich. Vingt-deux jours après ils fuyaient devant une poignée de bourgeois et de paysans. Le lâche Broun voulut, quelque temps après, signer avec le vaincu un traité onéreux pour sa patrie; mais la confédération en rejeta les conditions, et ce petit despote, que toutes les infamies n'avaient pu rendre odieux à ses compatriotes, mourut tranquillement dans son lit, à l'âge de soixante-quinze ans.

Berne, gouvernée aristocratiquement, souffrait avec peine le joug de l'empire. L'excommunication de Louis de Bavière lui fournit un prétexte pour le secouer. L'empereur s'avance contre Laupen à la tête d'une armée considérable. Les Bernois ne sont que six mille, mais ils ont pour général Rodolphe d'Erlach, jeune héros, riche des souvenirs de ses ancêtres. Il remporte la victoire, et les Bernois, qui n'avaient pris les armes que pour défendre leur indépendance, deviennent l'effroi de leurs ennemis.

A tant de guerres sanglantes vint bientôt se joindre une peste affreuse, qui emporta un tiers de la population suisse, et étendit ses ravages au loin dans l'Italie. Le Jura s'agita sur ses vieilles bases, et les murailles de Bâle se renversèrent sur ses habitans. Albert, à qui l'on conseillait de profiter de l'occasion pour détruire ce boulevard de l'indépendance, envoya quatre cents ouvriers pour aider à relever ses remparts : admirable conduite de la part d'un ennemi !

Une espèce de démence avait succédé à la peste. Les flagellans parcouraient la ville en faisant couler des flots de leur sang; les juifs montaient en foule au bûcher; les seigneurs donnaient des fêtes; les magistrats étouffaient la misère sous l'appareil des plaisirs. Bubenberg, l'un des défenseurs de Laupen, était accusé d'orgueil, et puni d'un exil de cent ans et un jour : on lui fit grâce de quatre-vingt - six ans. Le libérateur de la Suisse, Rodolphe d'Erlach, cultivait en paix le champ de ses pères. Il est assassiné par son gendre et tombe sous cette même épée qu'il portait à Laupen. Le meurtrier fuit dans les bois, le chien de la victime l'y poursuit. Aucun des deux ne reparaît.

Au milieu de ces désordres, nous voyons la classe inférieure s'affranchir et se civiliser. Des métiers s'organisent, l'art des échanges se perfectionne, la bourgeoisie industrieuse rachète ses droits de la noblesse appauvrie. Herguswill et Alpnacht s'unissent. Appenzell, Gessenay, Brientz et Oberl-rasly, recouvrent leur liberté ; Zurich, Lucerne, Underwalden, Berne, Soleure, Saint-Gall, Bâle, Lausanne, Schaffhouse, consolident la leur ; enfin, Guersan, commune de bergers, s'incorpore dans la confédération. L'Autriche semble se consoler de la perte de l'Helvétie, par ses belles acquisitions dans le bassin du Haut-Rhin.

Les progrès de la réforme religieuse suivaient ceux de la liberté. Le spiritualisme s'insinuait dans les esprits; on commençait à douter de la résurrection des corps, et une pente insensible entraînait dans le mysticisme les hommes les plus distingués de l'époque. Cependant, les remparts de Bâle sortaient déjà de leurs ruines, quand un brigand, Arnold de Cervola, surnommé l'archiprêtre, l'un des chefs de bandes du prince Noir, vint jeter l'alarme dans ses environs; mais il recula devant la contenance des Suisses. Enguerrand de Coucy, qui faisait la guerre à l'Autriche, prit ces vagabonds à sa solde et leur fit rebrousser chemin. Zurich et Berne coururent aux armes. Les guerriers anglais, qui formaient l'avant-garde de l'ennemi, furent surpris et massacrés. Un tertre, situé à une portée de fusil de Buttisholtz, et portant encore le nom de

Mont-aux-Anglais, atteste le courage et la victoire des Suisses.

La noblesse, élevée dans la domesticité de l'Autriche, puisait dans le mépris dont elle était l'objet, celui qu'elle faisait peser sur le peuple. Mais cette domesticité, les bourgeois ne l'avaient point briguée comme les grands; leur cœur se révolta contre leurs nouveaux Guessler, l'insurrection s'accrut, le sang coula, Lucerne prit les armes (1384), et Léopold d'Autriche jura de châtier les *paysans*. Mais, ces *paysans*, qui savaient ce que peut opérer l'amour de la liberté, ces *paysans*, qui avaient donné de si sanglantes leçons aux ennemis de leur indépendance, ne se laissèrent point intimider par des menaces, et s'apprêtèrent à recevoir leurs agresseurs. Cent soixante-sept seigneurs ecclésiastiques et séculiers se joignirent à Léopold, et les confédérés reçurent en un jour quatre-vingt-trois déclarations de guerre. Nous allons voir une réunion d'États presque imperceptibles sur la carte braver tant d'adversaires puissans, et soutenir le choc de leur multitude.

Les contingens de Zug, Lucerne et Glaris, assemblés sous les murs de Zurich, préludent aux combats par le pillage des châteaux. Berne, qui venait de conclure une trêve avec l'empereur, ne peut se joindre à eux. Léopold marche à leur rencontre par l'Argovie. Désirant, chemin faisant, punir les rebelles de Sempach, il se dirige sur leur petite ville; mais les confédérés ont deviné son projet, ils sont accourus à marches forcées, et leurs troupes couvrent la place. Le 9 juin 1388, les deux armées sont en présence. Le duc avait de l'artillerie et quatre mille chevaliers bien équipés. Des deux côtés, l'impatience est égale et l'on n'attend que le signal. Tandis que le duc crée des chevaliers, les confédérés, prosternés dans la poussière, invoquent le Dieu des combats, et se précipitent sur leurs innombrables ennemis. Le carnage devient affreux. On se bat long-temps en désespéré. Les masses des impériaux, renouvelées sans cesse, présentent un mur d'airain aux braves montagnards. C'en était fait d'eux et de leurs institutions, quand une voix se fait entendre, et gronde comme le tonnerre : « Confédérés, s'écrie-t-elle, j'ouvre un passage à la liberté ; prenez soin de ma femme et de mes enfans. » C'était la voix d'Arnold Strutthan, d'Underwalden. Il fond sur les piques, il tombe, son cadavre est environné de flots d'ennemis, mais son exemple n'est pas perdu ; les Suisses font des prodiges de valeur, et, après une résistance héroïque, et la mort de leur duc, de tous leurs généraux et des plus vaillans guerriers, les impériaux sont vaincus, massacrés ou dispersés. Les confédérés passent trois jours sur le champ de bataille, fondent un service annuel pour le repos de tous les morts, et rapportent quinze drapeaux ennemis. Telle fut la sanglante victoire de Sempach, due au martyre patriotique d'Arnold Strutthan.

Le fils de Léopold ne déposa pas les armes. Les nobles, partout vaincus, virent leurs châteaux devenir la proie des flammes. Berne se joignit enfin à la confédération et s'empara de l'Oberland. L'Autriche demanda une trève, après laquelle la guerre se ralluma avec une nouvelle fureur. Les habitans de Glaris vont occuper le pied du mont Rutli. Ils y sont bientôt joints par les Allemands qui, harcelés, poursuivis de tous côtés, accablés d'une grêle de pierres qu'on fait pleuvoir sur eux du sommet des montagnes, tentent onze fois le combat dans une journée, et finissent par laisser deux mille cinq cents hommes sur le champ de bataille. Vaincue à Glaris, la noblesse est écrasée à Nœfels. Les Bernois, aidés des Soleurois, se rendent maîtres de Buren, Nideau, Unterseen, triomphent devant Fribourg et ravagent l'Argovie. Partout la Suisse était victorieuse. Enfin, en 1389, l'Autriche se décide à demander la paix, et elle l'obtient. Quatre ans après, elle ourdit des intrigues qui échouent ; le bourgmestre et seize membres du conseil de Zurich, convaincus de les avoir favorisées, sont bannis.

La liberté se relève plus glorieuse que jamais. La barbarie persiste cependant à ensanglanter encore ses lauriers. On prétend que les juifs égorgent les enfans, ou achètent leur sang, et ce n'est qu'après le meurtre d'un grand nombre de ces infortunés israélites, que les magistrats de Zurich obtiennent qu'ils seront seulement exilés. Les gouvernemens s'organisent partout sur des bases différentes. Les conseils sont investis insensiblement de l'administration civile et religieuse. Le territoire de la confédération s'agrandit ; ici on acquiert des seigneuries de l'Autriche ; là, les serfs de la belle vallée de Trutigen rachètent leur liberté, et, pour être à même d'en payer exactement le prix, s'imposent l'obligation de ne point manger de veau pendant sept ans.

La république fédérative était libre, industrieuse et tranquille ; mais tout à coup les Waldestœttens sont obligés de prendre les armes pour défendre les habitans du val de Lévantine, attaqués par les barons italiens. Les agresseurs sont repoussés ; les vainqueurs mettent garnison dans Domo-d'Ossola et regagnent leurs montagnes. Mais déjà les barons sont revenus à la charge et la ville leur a ouvert ses portes. A cette nouvelle, les Suisses repassent les Alpes, attaquent les Italiens et les mettent en déroute pour la seconde fois. Ils vont implorer la protection de la Savoie, qui met à leur disposition (1411) Carmagnola, l'un des plus habiles généraux de ce siècle. Les confédérés sont obligés d'abandonner leur conquête.

Les avantages d'une sage liberté commençaient à se faire sentir en dehors de la confédération. Les habitans d'Appenzell, opprimés par leur abbé, qui faisait poursuivre par des chiens dressés à cet effet les malheureux paysans qui ne pouvaient payer les impôts, en appellent à Dieu et à leur épée, et rejettent de leur territoire les tyrans qui les déciment. Ceux-ci fuient, mais reviennent bientôt, forts de l'appui des villes impériales, soumettre le peuple et l'accabler de nouvelles vexations. La révolte éclate avec plus de violence. Appenzell implore en vain l'assistance des autres cantons. Schwitz seul lui envoie un landamman et un officier. Les révoltés, réduits à leurs propres forces, attaquent cinq mille hommes d'infanterie et une nombreuse cavalerie ; ils sont vainqueurs. Les villes impériales demandent la paix. L'on détruit les châteaux et l'on ravage les terres de l'abbé. Il va se soumettre à Appenzell, quand le duc Frédéric, vaincu par les prières de sa noblesse, marche contre Uri et Saint-

Gall avec une armée formidable. Un de ses ennemis personnels, Rodolphe de Werdenberg , vient trouver les paysans, troque ses vêtemens de comte contre leur costume national, et, suivi de tous les guerriers, soutenu même par les femmes, il repousse le duc après trois combats meurtriers, et le met en fuite. La plus grande partie de son armée trouva la mort dans les défilés de Hauptelisberg.

Appenzell, fière de sa triple victoire, conclut avec Saint-Gall une alliance de neuf ans, venge les outrages de Werdenberg, ravage les terres des seigneurs et pénètre dans le Tyrol. Mais accueillis par des forces supérieures, ces soldats d'un jour sont forcés de battre en retraite. La destruction signale leur passage. Les châteaux qu'ils rencontrent sont détruits de fond en comble. L'abbé Cuno excommunie ceux qu'il appelle des rebelles, il est forcé d'aller dire la messe à Saint-Gall. Enfin ils éprouvent un échec;

une trève est conclue, et l'empereur Robert, après avoir entendu les députés d'Appenzell, leur accorde des conditions qui, malgré leur dureté, ratifient leur émancipation. Sept années s'écoulent, pendant lesquelles beaucoup de combats ont lieu sans résultat. Enfin, l'Autriche tente un coup de main sur Bâle; il échoue, et une trève de cinquante ans est signée. Cinq ans après (1430), les divisions de l'Église viennent troubler une tranquillité dont les deux partis avaient tant de besoin. La chrétienté, en proie à l'horreur d'un schisme, voit trois familles se disputer la tiare. Un concile est convoqué à Constance, et Jean Huss et Jérôme de Prague expirent sur le bûcher. Le pape Jean XXIII s'enfuit épouvanté avec le duc d'Autriche, qui se déclare en sa faveur, contre l'empereur et le concile. Le successeur de saint Pierre est excommunié.

Le moment était favorable pour la

liberté. Berne, Zurich, Schaffhouse et Lucerne courent aux armes ; le duc est dépouillé en huit jours d'un domaine conquis en deux siècles. Les paysans peuvent dicter des lois à leurs anciens maîtres ; les nobles tremblent à leur tour et demandent l'exil ou le droit de bourgeoisie. Enfin , l'empereur confirme les conquêtes des Suisses, moyennant quatre mille cinq cents florins.

Cependant du sein de la victoire naissent les divisions intestines , et ce peuple si glorieux , si sage , est prêt à s'égorger , quand une croisade contre les Hussites vient donner une direction unanime aux esprits. Ces hommes courageux étaient maîtres de la Bohême depuis dix-huit ans. Le nom seul de Ziska jetait l'épouvante chez leurs ennemis. La religion vint au secours de la force, et le concile de Bâle ramena par la douceur ceux qu'on n'avait pu réduire par les armes.

En 1422, le duc de Milan, à la tête d'une armée formidable, s'empare de

Bellinzona, Ossona, et oblige la vallée de Lévantine à lui prêter serment d'obéissance. Tous les cantons, hors celui de Berne, jettent une armée au - delà du Saint-Gothard; mais, n'obéissant plus à leur ancienne concorde, ce n'est qu'après des pertes douloureuses qu'ils réussissent à vaincre les Italiens. Berne se décide enfin à seconder les confédérés et envoie douze mille hommes en Italie. Le duc de Milan, qui connaît la bravoure des Suisses, essaie de les gagner à prix d'or. Le peuple est séduit et la base de l'union est déjà ébranlée.

Sur ces entrefaites, la liberté fuyant devant les richesses parcourait les Alpes rhétiennes et y plantait son étendard. Les vallées de l'Engadine, de Scham, de Bœrenbourg et de Farden sont délivrées de leurs cruels oppresseurs. Le seigneur de la dernière meurt de la main de Jean Chaldar, l'Hercule de ces montagnes, qu'il avait fait horriblement et injustement torturer, et qui avait dû racheter à prix d'or son existence. Voici de quelle manière cet événement est rapporté dans une chronique. « Chaldar, encore tout sanglant, encore tout meurtri, voit, peu de jours après sa délivrance, son seigneur et bourreau entrer dans sa cabane. Tout le monde se lève, le sire de Farden promène sur ses vassaux des regards dédaigneux, puis tout à coup il se met à cracher dans la bouillie qui leur sert de nourriture. La fureur du paysan est plus prompte que la foudre; il saisit le tyran à la gorge, l'enlève sans difficulté, le fait pirouetter dans l'air, lui plonge la tête dans la bouillie toute brûlante, et s'écrie rouge de colère : mange, mange, scélérat, le mets que tu viens d'assaisonner. »

La mort du châtelain fut le signal de la guerre. La Rhétie entière courut aux armes. Plusieurs vallées s'unirent par serment et formèrent *la ligue de la maison de Dieu*. Les comtes prirent parti pour le peuple; mais leur esprit de rapacité ne tarda pas à se faire sentir et nécessita une nouvelle association, qu'on appela d'abord *la ligue grise*, et plus tard, *la ligue des dix juridictions*. La guerre civile ravagea plusieurs cantons. Zurich, maîtresse des approvisionnemens, refusa d'en fournir; la peste s'unit à la famine. Les Zurichois voulurent tenter le sort des armes, ils furent battus. La confédération entière allait fondre sur eux, lorsque enfin ils mirent bas les armes et acceptèrent les conditions honorables que leur dictèrent les vainqueurs.

Ces bandes dévastatrices, que nous avons vues parcourir la Suisse et y mettre tout à feu et à sang, y reviennent en 1440, sous le nom d'Armagnacs. Ces brigands atroces si bien stigmatisés de l'épithète d'*écorcheurs* par le peuple, s'élancent du Jura, couvrent les bords du Rhin, s'emparent des paysans, les exposent aux flammes et les renvoient demi-brûlés à leurs compatriotes. Ceux qui ne peuvent payer de rançon ont la tête tranchée. Ces Cannibales traînent à leur suite six cents des plus belles suissesses, réduites à la plus affreuse captivité. L'aspect du danger commun rallie tous les partis ; les querelles sont oubliées ; on s'arme, on marche en masse contre les brigands, qui sont forcés d'entrer en France par l'Alsace.

Frédéric d'Autriche, à son avénement au trône, annonce l'intention de recouvrer ses possessions en Suisse. Zurich, n'écoutant que sa vengeance, traite avec le monarque étranger et arbore ses couleurs. L'indignation et la douleur des confédérés est à son comble. Schwitz et Uri déclarent la guerre à l'Autriche et à Zurich. Une bataille a lieu. Des traits d'héroïsme et de cruauté ensanglantent les prairies de Wiedikon. Zurich espère en vain le secours que lui a promis Charles VII, roi de France ; vingt mille hommes campent sous ses remparts. Elle se défend courageusement, aidée par les nobles Autrichiens, qui ont épousé ses intérêts. La fureur des massacres et des incendies se perpétue aux environs. Les garnisons qui ont opposé leur valeur aux attaques des ennemis sont égorgées, et la guerre civile, avec toutes les horreurs qu'elle enfante, ravage la Suisse presque entière.

Enfin les secours de Charles VII arrivent. Ce sont encore ces cruels Armagnacs, ramassis de toutes les nations, dont le roi de France s'estime trop heureux de se défaire. Ils sont au nombre de trente mille hommes, et le dauphin, depuis Louis XI, marche à leur tête. Les Suisses, par des combats glorieux, en détruisent un grand nombre; mais moins heureux, trois mille Bâlois, emportés par leur ardeur, sont enveloppés de toutes parts et vendent chèrement leur vie. Seize seulement échappent au massacre. Ils sont rejetés ignominieusement du sein de leurs familles. L'histoire offre peu d'exemples d'une intrépidité pareille à celle de ces patriotes, qui, vaincus à force de vaincre, subirent tranquille-- ment la mort, qu'ils avaient d'avance calculée. Quelques confédérés se dé- fendaient derrière le mur du cime- tière de Saint - Jacques ; le mur s'é- croule, l'hôpital brûle, ils tombent engloutis dans les caves. Un chevalier regarde leurs cadavres avec férocité et s'écrie : « Je me baigne dans les ro- ses. » Le capitaine Arnold, qui était parmi les morts, se soulève pénible- ment, et lui lançant une pierre au front : « Tiens, lui dit-il, voilà une rose que je t'envoie ; baise-la. » Le chevalier tombe et meurt.

Le dauphin s'aperçoit, mais un peu tard, qu'il est impossible de pénétrer dans un pays défendu par de pareils hommes, et le premier traité de paix entre la France et la Suisse est signé en 1444.

Cependant la guerre continue entre Zurich et les confédérés. Le carnage dure toujours, mais les beaux faits d'armes sont rares. Il semble que la gloire fuie les champs ensanglantés par les discordes civiles. Il serait toutefois injuste de ne pas mentionner la bataille de Ragaz, dans laquelle onze cent cinquante hommes de Glaris culbutent seize mille Autrichiens, sur lesquels ils font treize cents prisonniers. Mais les deux chefs ne sont plus. Tout le monde est fatigué : le désir de la paix s'empare des esprits. Plusieurs princes de l'empire s'offrent pour la négocier. La méfiance est telle, que les pourparlers ont lieu sur le lac de Zurich, chaque plénipotentiaire occupant une barque séparée. Enfin l'avoyer Henri de Bubenberg, revêtu des fonctions d'arbitre, prononce que l'alliance de Zurich avec l'Autriche est contre les lois de la confédération, et la paix est conclue. Il était déjà bien tard ; Zurich avait dépensé un million soixante-dix mille florins pour soutenir cette guerre injuste.

L'envie de s'agrandir fait naître de

nouvelles dissensions parmi les confédérés. Le commerce languit, l'agriculture est abandonnée, et le paysan préfère déjà le glaive au soc de la charrue. Les souverains commencent, vers 1460, à trafiquer du sang des Suisses. Quelques centaines de ces mercenaires grossissent les troupes du farouche Louis XI.

Charles le Téméraire, duc de Bourgogne, occupait une partie considérable du patrimoine de l'Autriche, et Hagenbach, son représentant, faisait peser sur le malheureux peuple une tyrannie dont la Suisse ressentait le contre-coup. Berne souffrait impatiemment le voisinage du despote; mais elle était divisée en deux factions : celle des nobles, dirigée par Bubenberg, et favorable au duc, et celle des plébéiens, ayant à sa tête Riesbach, Kistler et Fraücklin, et soutenant le roi de France. Cette dernière triompha d'abord. Kistler, de la tribu des bouchers, devint avoyer, humilia les nobles, coupa les queues des robes, rogna les bouts des souliers, multiplia enfin tellement les plus mesquines extravagances, que ses créatures elles-mêmes refusèrent de se soumettre à lui.

Charles avait porté la terreur jusque sous les murs de Paris, et Louis XI avait tremblé sur son trône. La frayeur du despote devait être lavée dans le sang. Il excite les Suisses contre Charles. René de Lorraine, chassé par ce dernier, implore leur secours. On se ligue; Louis expédie de l'argent; Hagenbach est décapité. L'empereur Sigismond, forcé de sé prononcer, prend parti pour la France. La guerre commence. Pour la première fois, l'Helvétie en masse marche sous les bannières de l'Autriche. Le succès n'est pas douteux. Le duc de Bourgogne est mis en déroute (1474), et perd deux mille hommes.

Le printemps était à peine de retour, que les confédérés avaient fran-

chi le Jura, détruit plusieurs châteaux, soumis plusieurs places fortes,
et passé de nombreuses garnisons au
fil de l'épée. Charles, effrayé de la
coalition qui s'est formée contre lui,
fait espérer au roi de France et à l'empereur d'Autriche, que le fils de l'un
et celui de l'autre épouseront sa fille
unique. Flattés de cette espérance,
tous les deux abandonnent les Suisses,
qui, livrés à eux-mêmes, font des propositions de paix. Charles les repousse, lève une armée considérable en
France et en Italie, et vient, à grandes
journées, tomber sur l'Helvétie. Son
camp était une capitale mobile, où les
plaisirs se succédaient sans interrup-
tion. On y comptait plus de cinquante
mille soldats, de toutes les contrées,
suivis d'une foule de valets, de mar-
chands et de filles publiques. Il attaque Grandson, offre une capitulation
honorable à la garnison qui manque
de vivres, pend aux arbres des environs tous les infortunés qui se sont fiés

à sa parole, et poursuit tranquillement sa route.

Cette conduite atroce inspire une
horreur générale. Les confédérés se
réunissent et jurent de venger leurs
frères. Le val de la chartreuse de la
Lance est forcé par eux. Les attaques
réitérées de la nombreuse cavalerie de
Charles ne peuvent empêcher l'exécution de leurs projets. Grandson! Grandson! s'écrient les Suisses, d'une voix
unanime, et ils marchent à l'ennemi.
Le carnage commence. Les Bourguignons résistent au premier et au second
choc; l'attaque cesse un instant; les
Suisses sont tous à genoux, remer-
ciant Dieu de l'arrivée de leurs frères,
qui couronnent les hauteurs voisines,
et l'invoquant pour le succès de l'attaque générale. Charles, que ses exploits
aveuglent, croit voir dans ces montagnards prosternés, des coupables qui
demandent grâce, et il s'écrie : « Par
Saint-Georges! ces canailles crient
merci. Gens de canons, feu sur ces

vilains. » Mais dans ce moment les vilains s'élancent sur leurs arrogans ennemis, qui fuient en désordre, laissant sur le champ de bataille un millier de morts, cent vingt pièces de canon, quatre cents tentes, parmi lesquelles celle du duc brodée en or et en perles, six cents bannières et drapeaux, plus de quatre quintaux de vaisselle d'argent, plusieurs millions de florins, les sceaux du duc et ce diamant célèbre qui passa par tant de mains, et fut long-temps celui de la couronne de France.

Charles, renfermé chez lui, se livre six semaines à son désespoir. Il se voit abandonné des seigneurs et des vassaux qui avaient épousé sa cause. Les rois applaudissent à sa chute et les villes impériales s'unissent à la confédération. Toutes ces défections n'abattent pas son courage ; il rallie en Franche-Comté les débris de ses légions, ordonne des levées d'hommes et d'argent, métamorphose en canons et en fusils, les cloches et les ustensiles de cuisine, s'avance à la tête de soixante mille hommes, parmi lesquels deux mille seigneurs et chevaliers, assiége enfin Morat, défendu par Bubenberg, avoyer de Berne. Les quinze cents hommes que renfermait la place, faisaient de continuelles sorties, et répondaient aux sommations de l'ennemi en ouvrant les portes et en lui disant : Entrez, on vous recevra (1476). Trente-un mille fantassins et quatre mille chevaux, la plus forte armée que la Suisse eût encore mise sur pied, accourent au secours de la ville, marchant nuit et jour au milieu d'une pluie continuelle. Le soleil perce la nue au moment où les Suisses achèvent leur prière. *Dieu nous éclaire*, s'écrie Hallwyll, leur général, et le combat commence.

L'immense ligne des Bourguignons résiste au premier choc des confédérés; mais tandis que René de Lorraine charge d'un côté et Hallwyll de l'autre, Bubenberg prend l'ennemi à dos, et le vieux général de Lucerne, Gaspard de Hertenstein achève de les cerner. Le carnage devient affreux ; les fuyards, voyant que la retraite leur est coupée, se précipitent en foule dans le lac de Morat, et le duc consterné se sauve presque seul. Une victoire si décisive n'a coûté que quelques centaines d'hommes. Le duc de Lorraine reçoit pour prix de ses services la tente de Charles et les canons que celui-ci lui a enlevés à Nancy. Berne et Fribourg, dont les pertes ont été les plus considérables, obtiennent la plus grande partie des canons, et, retenant douze mille hommes sous les drapeaux, elles vont soumettre le pays de Vaud et menacent Genève. René poursuit Charles l'épée dans les reins et reprend Nancy. Huit mille Suisses se rangent sous les bannières du vainqueur, et le comte Campobasso, napolitain, trahissant le duc, passe du côté des Lorrains avec trois cents hommes. Mais les Suisses le chassent ignominieusement, ne voulant pas, disent-ils, des traîtres parmi eux.

Charles, naguère l'effroi des peuples et des souverains, essaie, mais en vain, de faire face à l'orage. Accablé par le nombre, il fuit et va périr dans un marais couvert de glace. Après lui avoir rendu les honneurs funèbres, René fait son entrée dans la ville de Nancy, sous un arc de triomphe, formé des ossemens des chiens et des chevaux dont les habitans se sont nourris durant le siége. Quatre ans après la bataille de Morat, les restes des Bourguignons furent exhumés et réunis dans un ossuaire avec cette inscription : A la gloire de Dieu, très-bon et très-grand ! L'armée de Charles, très-célèbre et très-vaillant duc de Bourgogne, assiégeant Morat, a été taillée en pièces par les Suisses, et leur a laissé ce monument de son existence, l'année du seigneur 1476.

La Bourgogne demande à être admise dans la confédération, Berne appuie sa demande, les petits cantons s'y opposent. La Suisse finit par vendre aux Bourguignons, son alliance, pour une somme de cent cinquante mille florins: elle n'est pas payée. La confédération passe sa créance à Louis XI et l'autorise à s'emparer des terres de ses débiteurs. L'Autriche et la France font la paix avec la Suisse.

La victoire donne la richesse à des hommes, qui, jusqu'alors, n'en avaient pas senti le besoin. Leur cupidité augmente à mesure qu'elle est satisfaite. Les ateliers sont déserts, la charrue languit délaissée, tout Suisse veut devenir *reislaufen* dans un service étranger ; des recruteurs battent les chemins de l'Helvétie, parcourent les tavernes, et engagent la jeunesse des cantons qu'ils traversent. L'ancien asile de la droiture et de la liberté devient un théâtre de brigandage et de servitude. Quinze cents exécutions capitales ont lieu pendant la seule année 1480, dans les seuls cantons des bois.

Sixte IV recherche l'amitié des Suisses, et leur envoie un magnifique étendard, que sa main pontificale a béni, et sur lequel on voit briller l'image vénérable du prince des apôtres. Le saint père y ajoute une bulle conçue dans les termes les plus affectueux, la promesse du paradis et l'offre d'un subside annuel de quarante mille ducats.

Les guerres des Suisses contre le duc de Milan, qui éclatèrent vers la même époque, ne furent marquées par aucun grand fait d'armes. Les confédérés eurent constamment le dessus, et le duc, qui n'avait pas d'abord suivi l'exemple du pape, fut obligé d'y venir un peu plus tard. Il acheta la paix quatorze mille florins.

Une sourde jalousie minait intérieurement la Suisse, toujours victorieuse au dehors. Les paysans redoutaient les citadins, les citadins craignaient les paysans. Des conspirations sont tramées. On complote la ruine de Lucerne qui en est prévenue. La diète s'assemble à Stanz. Les premières séances sont orageuses. Tout annonce une prochaine guerre civile, quand un vénérable ermite, appelé Nicolas Lœvenbrongger, et que le lieu de son habitation, sous un rocher, près de Saxelen, avait fait surnommer *de flue* l'homme du rocher, descend des montagnes et se présente aux confédérés tout surpris de cette apparition inattendue : « Votre « union a fait jusqu'à présent votre « force, leur dit-il; de vaines disputes « de supériorité parviendront-elles à « vous désunir? Quel déshonneur pour « vous s'il en était ainsi ! Ah ! cachez, « cachez bien à l'étranger cette pen- « sée coupable, si jamais elle a pu « trouver accès dans votre esprit. Vil- « les, renoncez à des droits que ne re- « connaît point la confédération. Cam- « pagnes, accédez à la juste demande « de Soleure et de Fribourg, qui vous « ont secourues dans vos guerres. Fer- « mez le cercle de la confédération; « n'y admettez plus d'étrangers et con-

« sacrez-vous enfin au salut et à la
« gloire de la patrie. »

Ce discours électrise toutes les âmes.
On se presse autour du solitaire, on le
conjure de dicter lui-même les conditions d'une réconciliation générale, et
rédige ce fameux *convenant de Stanz*,
auquel la Suisse a dû long-temps son
repos et sa prospérité.

Cépendant le bruit se répand que
Maximilien, empereur d'Autriche,
après avoir incorporé la Bourgogne à
ses États, veut aussi transformer la
Suisse en un cercle de l'empire. Ce
bruit ne tarde pas à se confirmer. Les
premières offres du monarque sont
fièrement rejetées ; il propose ensuite
à l'Helvétie d'entrer dans la confédération de la Souabe, à la tête de laquelle il s'est placé. « Songez-y bien,
« dit le chancelier archevêque de
« Mayence au député des cantons.
« Un trait de plume peut vous y for-
« cer.—On l'a déjà essayé vainement,
« répond le montagnard, avec des

« hallebardes plus dures que votre
« plume d'oie. »

L'Autriche et la Souabe se liguent
contre la Suisse. La guerre éclate ;
d'horribles cruautés souillent les deux
partis. D'affreux incendies colorent
les eaux du lac de Constance. Les
Suisses gagnent six grandes batailles,
qui leur coûtent des flots de sang. Enfin, après huit mois de carnage et de
dévastation, Maximilien accepte la
médiation du roi de France, Louis XII,
et la paix est conclue. Depuis lors
l'Autriche cessa d'essayer de dissoudre
la confédération.

La paix fit bientôt affluer les richesses sur le sol helvétique ; mais
ces richesses, forcées de séjourner dans
le pays faute de débouchés et d'industrie, faillirent causer son malheur.
Les Suisses achevèrent de perdre le
goût de l'agriculture. Des monarques
de tous les coins de l'Europe vinrent,
la bourse à la main, marchander ces
fiers montagnards, qui ne combattaient

jadis que pour la liberté. Louis XII, dont la médiation avait eu pour but d'obtenir des soldats suisses à meilleur marché, passe les Alpes à la tête de plusieurs régimens de cette nation (1503). Mais il n'est pas exact à payer leur solde, et la désertion se met dans leurs rangs. Des Suisses se battent contre des Suisses sous des drapeaux étrangers. Le duc de Milan, renfermé dans sa capitale, est livré par un Suisse, nommé Turman. Le traître, de retour dans son canton, est mis à mort et renié par sa famille, qui demande à changer de nom. Cependant les Suisses s'emparent, pour leur propre compte, de Bellinzona, qui jadis leur a appartenu. Le roi de France, d'abord irrité de leur audace, est bientôt forcé de leur céder leur conquête, parce qu'il a encore besoin d'eux.

L'amour du trafic et l'air de la servitude pénètrent de toutes parts dans cette belle Helvétie, qui a donné au monde tant de leçons de patriotisme et de liberté. Elle n'est plus qu'un vaste bazar où chacun vient marchander des hommes. L'histoire nous a conservé le nom du plus grand recruteur de cette époque. Il s'appelait Skinner, et était évêque de Sion. Il embauchait tantôt dans l'intérêt du roi de France, tantôt dans celui du pape, et toujours dans le sien, puisqu'il recevait de l'argent des deux souverains qu'il trahissait alternativement. Ce prélat, victime des intrigues d'un nommé Supersax, qu'il avait fait mettre injustement à la torture, fut forcé de s'enfuir à Rome sous le hideux costume d'un lépreux. Il intéressa à sa querelle le souverain pontife qui lança l'excommunication sur les Suisses rebelles.

Trente mille hommes de cette nation avaient péri en Italie (1511). Cette perte cruelle ne décourage pas leurs compatriotes. L'or de Louis XII en attire encore beaucoup sous les drapeaux français. Mais le pape se montre plus généreux, et vingt mille hommes vont secourir les Vénitiens contre les Français qui sont complétement battus à Novarre. La campagne valut aux confédérés deux cent mille ducats. Les ambassadeurs de tous les princes de l'Europe, vinrent assister à Bade, à la diète helvétique.

L'empereur Maximilien, ennemi de Louis XII, offre aux Suisses quatre mille chevaux et un train d'artillerie considérable, à condition qu'ils iront mettre le siége devant Dijon. Pour le faire lever, on leur donne de faux ôtages. La ruse est découverte. Un magistrat de Grenoble, qui n'en est point coupable, est au moment d'en subir la peine. La fuite seule le dérobe au supplice.

Le trône de France est occupé par François Ier, qui manifeste l'intention d'abattre l'orgueil des confédérés. Il s'élance sur la cime des Alpes, fait passer soixante-douze pièces de canon, ses bagages, sa gendarmerie et trente mille fantassins, par le col de l'Argentière, regardé jusqu'alors comme impraticable, atteint le général Prosper Colonna, sur le revers de la montagne et le fait prisonnier. La division est dans le camp des Suisses, qui vont se débander; Skinner les rallie. On se bat cinq heures dans l'obscurité. François Ier dort sur un chariot d'artillerie et s'éveille malade pour avoir bu de l'eau mêlée de sang. Les rayons de l'aurore éclairent les cadavres de trois mille Suisses, sur lesquels le combat recommence. Il dure quatre heures. Six cents Basques, venus des Pyrénées, disputent long-temps le terrain pied à pied. Des dix mille Suisses entrés en campagne, deux mille seulement quittent le champ de bataille, mais en bon ordre, emportant leurs drapeaux, quelques - uns de ceux de l'ennemi, leurs blessés et leur artillerie. Trivulce appelle cette journée le *combat des géans.*

François Ier, effrayé du résultat de sa victoire, ordonne qu'on traite avec toutes sortes d'égards ces hommes si redoutables. Il fait soigner les blessés, et renvoie les prisonniers sans rançon. Son ambassadeur sème l'argent à pleines mains dans les rues de Fribourg. Tant de générosité n'est point perdue; quelques cantons lui fournissent des troupes, d'autres s'engagent à défendre chez eux tout enrôlement pour ses ennemis. Le traité, signé entre la Suisse et la France, devient la base de tous ceux qui suivent, et malgré l'opposition et les tracasseries de Skinner, seize mille hommes se vendent encore à François Ier. Ils arrosent de leur sang les redoutes de la *Bicoque* en Flandre et les champs de l'Italie. Le roi donne la confédération pour marraine à son fils. La bataille de Pavie coûte sept mille hommes aux Suisses, qui marchent sous les drapeaux français (1524), et, de ces nombreuses armées, qui avaient inondé l'Italie, trois mille hommes à peine survivent à cette épouvantable défaite.

Ces guerres mercenaires ont dépeuplé l'Helvétie. Ce malheureux pays est couvert de veuves et d'orphelins. L'argent y est commun, l'industrie fort rare, et la pauvreté, par conséquent, presque générale ; on s'insurge contre les magistrats recruteurs, qui ont mis à prix le courage et le sang de la nation. La patrie de Guillaume Tell redevient digne d'elle-même.

Cependant la corruption du clergé suisse avait rompu toutes les barrières. Plusieurs voix éloquentes s'élevèrent contre les abus. Pierre de Valdo les dénonça au douzième siècle, Wiclef et Arnold de Prescia au treizième ; Jean Hus et Jérôme de Prague périrent sur un bûcher pour avoir osé réclamer la réforme. Le quinzième siècle vit se multiplier les plaintes. Des prétendans se disputèrent la tiare à main armée. Léon X, voulant bâtir le plus beau temple de l'Europe, trafiqua des indulgences, et le dominicain Samson, moyennant un écu pour l'indulgence sur parchemin, et dix sous pour celle sur papier, enleva à la Suisse plus de huit cent mille écus. Le général de Stein lui donne un beau cheval gris, pour le rachat de ses péchés et de ceux de sa famille, de ses ancêtres, de ses vassaux et d'un corps de cinq cents hommes. Ce commerce honteux révolte les esprits. On met en jugement des fabricateurs de miracles, des directeurs pervers qui se glissaient dans les couvens de femmes, des missionnaires d'impiété, qui abusaient de la crédulité de quelques âmes dévotes. Ulrich Zwingle, curé de Glaris, tonne contre les indulgences, le culte des images, le purgatoire, le célibat des prêtres et les mortifications de la chair. Luther répand les mêmes doctrines en Allemagne. Rome, furieuse, lance l'anathême sur les réformateurs. Berne, Bâle, Schaffhouse, Bienne, Coire et Saint-Gall, soutiennent la réforme. Les catholiques repoussent les sciences, les lettres et jusqu'à l'Évan-

gile : « L'Évangile n'aurait pas dû être
« écrit, disait le cardinal Hossius ;
« voilà la cause de tout le mal. — Nous
« aurions pu vivre tranquilles, écri-
« vait Faber, grand-vicaire de l'évê-
« que de Constance, si l'Évangile n'eût
« pas existé. — Quiconque sait le grec
« doit être damné, s'écriait un moine.
« — Craignez, disait un autre reli-
« gieux, un nouveau langage qu'on
« appelle l'hébreu, et un livre inti-
« tulé le *Nouveau Testament*, qui con-
« tient des choses fort dangereuses ;
« l'hébreu est la langue du diable : qui
« l'apprend devient juif. » Un érudit
fut dénoncé à son évêque pour avoir
eu un Homère grec dans sa bibliothèque. On dispute, on dogmatise. Ce
combat théologien dure dix-neuf jours
à Berne. La réforme triomphe. L'ancien culte est aboli. On qualifie d'ou-
trage au Seigneur, l'enrôlement au
service d'une puissance étrangère ; on
détruit les images, on permet aux moines et aux religieuses de rester dans

leurs couvens ou d'en sortir et de se marier. Le père gardien, Sinner, épou.. Agnès de Mullenen; la sœur Catherine de Bonstetten s'unit à Guillaume de Riesbach. Les moines de Zurich donnent leur couvent à l'État.

Le fanatisme et l'enthousiasme éteignent l'égoïsme et la vénalité. Tout fermente, tout s'agite. On oppose chaire à chaire, prédicateur à prédicateur. On se divise, on se menace. Des scènes burlesques et tragiques se renouvellent journellement. Les femmes s'obstinent surtout à repousser la réforme. Celles d'Orbe égratignent et manquent d'étrangler un protestant, soupçonné d'avoir fait arrêter un prédicateur catholique. Chien! mâtin! hérétique! démon! crient-elles toutes à la fois, et le bruit est tel, dit Ruchat, qu'on n'eût pas entendu le tonnerre. Celles de Grandson sautent aux cheveux de trois ministres et veulent leur arracher les yeux. Lausanne, incertaine entre les deux croyances, adopte à la fois l'une et l'autre, et défend le culte des reliques, tout en continuant à honorer sa *sainte rate*, souris canonisée, pour avoir rongé une hostie consacrée. Sept des treize cantons, Lucerne, Uri, Underwald, Zug, Schwitz, Soleure, Fribourg et la moitié d'Appenzell, fidèles au catholicisme, se liguent avec le Valais contre les protestans. Les Anabatistes, furieux réformateurs, se lèvent à la voix de leurs prophètes, fondent sur l'Allemagne et la Suisse, et le fer et la flamme à la main, jurent de faire triompher leur évangile. Ils sont poursuivis comme des bêtes féroces et presque totalement exterminés.

Vingt-quatre mille hommes se trouvent tout à coup sur pied (1531). En vain le magnanime landgrave de Hesse, apôtre de douceur et de tolérance, veut-il réconcilier les réformateurs qui ne s'entendent pas. Luther lui-même déclare qu'il ne tend pas la main à ses adversaires comme à des chrétiens, mais comme à des frères. Des moines réussissent à arracher à la réforme qu'elles avaient embrassée, plusieurs peuplades des vallées les plus sauvages. Le catholicisme et le protestantisme combattent corps à corps, et certains bailliages changent chaque année de croyance. Le landamman Werhli, ardent catholique, veut traverser Zurich ; il y est mis à mort. Switz s'empare du ministre protestant Kayser et le fait périr sur un bûcher. Toute communication est rompue entre les cantons qui professent une religion différente. Tout s'émeut ; on va en venir aux mains, mais les soldats des deux partis se voient, s'embrassent, se réconcilient malgré leurs prédicateurs, et retournent dans leurs familles.

Cette trêve ne fut pas de longue durée. Les catholiques effrayés des progrès de la réforme, à Bade, à Saint-Gall, en Thurgovie, courent de nouveau aux armes, et mettent en campaigne huit mille hommes. Zurich et Berne, mal préparées, ne marchent contre eux qu'à regret. On se rencontre à Cappel et le combat s'engage sur-le-champ. Un renfort de Zurich, commandé par Zwingle, arrive trop tard pour prendre part à l'affaire. La mêlée est sanglante; mais les protestans sont battus et perdent six cents hommes. Le sage Zwingle, le plus vertueux des réformateurs, est parmi les blessés. Un soldat catholique qui ne le connaît pas, lui fait signe de se confesser; il répond par un signe de tête négatif. Une épée se lève et tranche sa vie. Son cadavre est reconnu le lendemain et déchiré par une populace stupide. Sa mort jeta le désespoir parmi les protestans; ils furent encore une fois vaincus et mirent bas les armes. La paix leur fut accordée, moyennant le remboursement des frais de la guerre. Soleure, coupable d'avoir envoyé des secours aux vaincus, est soumise à l'alternative de redevenir catholique ou de payer mille florins. Cette alternative enfante la guerre civile ; le sang va couler de nouveau, quand un citoyen vénérable place sa poitrine sur la bouche du canon qui menace le bâtiment où les réformés délibèrent : « Puisque vous voulez le sang de vos frères, s'écrie-t-il, que le mien coule d'abord. » Ce vrai chrétien était l'avoyer Wengui. Son courage sauva la ville, les réformés s'exilèrent et tout rentra dans l'ordre.

Genève, ancienne cité des Allobroges, deux fois détruite et deux fois relevée par les Romains, résidence des rois bourguignons, siége des diètes des Francs, soumise ensuite à un prince évêque, avait fini par tomber sous la puissance d'un comte qui vivait avec le prélat dans une rivalité continuelle. La bourgeoisie profitait de leurs dissensions pour les servir tour à tour et leur arracher alternativement des priviléges. Les comtes de Savoie, trop puissans voisins, tout en paraissant protéger les bourgeois, achetaient les biens des comtes à l'extinction de leur famille, plaçaient un fils de leur maison sur le siége épiscopal et devenaient ainsi de fait, les maîtres de Genève. Un des évêques forme, en son propre nom, un traité d'alliance avec Berne et Fribourg. La bourgeoisie cherche dans ce nouveau traité des assurances contre la tyrannie qu'on lui impose.

Peu de temps avant la réforme, l'évêque de Genève, attaqué d'un mal, alors peu connu en Europe, et assez indigne d'un prince de l'Église, est instruit qu'un nommé Pécolat, homme fort jovial, a annoncé sa mort au milieu des vapeurs d'un festin. Il l'accuse de l'avoir empoisonné, lui fait intenter un procès criminel, le suspend à une corde, et lui arrache, par la douleur physique, l'aveu nécessaire à sa condamnation. Pécolat comparaît successivement devant l'évêque, l'archevêque, le duc et le pape; mais il rétracte son premier aveu, et arrachant un rasoir des mains d'un barbier, il se coupe une partie de la langue plutôt que de la souiller d'un nouveau mensonge. Tant de fermeté effraie ses ennemis qui le relâchent. Berthelier, un de ses amis, profite de la disposition des esprits, pour conclure à Fribourg une alliance avec Genève. Le duc de Savoie, irrité d'un acte qu'il considère comme une rebellion, fait écarteler d'innocens Genevois qui se trouvent en Piémont, et vient s'emparer de Genève, qui ne sait pas défendre ses remparts aussi bien que ses droits.

La conduite du duc fut celle d'un tyran. Un supplice affreux, nommé l'estrapade, qui consistait à laisser tomber d'une grande hauteur un homme, pour le relever ensuite et le précipiter encore, était la punition de tout Genevois qui osait sortir armé, ou mettre la tête à la fenêtre; lorsque enfin sept mille Fribourgeois accoururent au secours de la place et forcèrent le tyran à l'évacuer, après avoir acheté la paix quatre mille écus, qu'il paya avec l'argent des pauvres bourgeois. La peste fit durer cette paix six années consécutives. Le duc, constant dans ses vengeances, ordonna qu'on s'emparât de Berthelier. On l'avertit du danger qui le menace. Sa conscience ne lui reproche rien, il refuse de fuir et joue avec une belette privée, en attendant ses bourreaux. Ils entrent et lui demandent son épée. « La voici, leur dit-il; mais gardez-la bien, vous en rendrez compte un jour. — Demande grâce à monseigneur, lui crie-t-on. — Quel seigneur? — M. de Savoie. — Je ne suis point à lui. Serait-il mon maître: l'innocent n'est qu'un lâche lorsqu'il s'abaisse à demander grâce. — Tu mourras. » Il se tut et écrivit sur la muraille: *Non moriar, sed narrabo opera Domini.* Je ne mourrai point, mais je raconterai les œuvres du Seigneur. » Sa fin fut digne de sa vie. Le conseiller Levreri avait repoussé le joug du duc. Il périt aussi. Sa mort fut courageuse.

On l'entendit répéter au haut de l'é-
chafaud, ce distique de Berthelier.

Quid mihi mors nocuit ? virtus post fata virescit,
Nec cruce, nec gladio sævi perit illa tyranni.

Quand la mort a frappé, notre vertu s'élève
Et brave le tyran, son gibet et son glaive.

Le despotisme s'établit à Genève;
son niveau pèse sur tous les fronts,
rétrécit tous les esprits, trafique de
toutes les consciences, jusqu'à ce que
les guerres de Piémont et les armes de
François Ier éloignent de cette malheureuse ville le duc, unique auteur
de sa ruine. Débarrassés de sa présence,
les Genevois sollicitent la combour-
geoisie de Berne et de Fribourg. L'é-
vêque sanctionne cette alliance; on
organise le conseil des deux cents,
Berne apporte la réforme, l'enthousiasme religieux ranime les courages,
les images sont brisées. En vain le duc
veut-il s'opposer à cette régénération;
douze cents hommes de Berne et de
Fribourg volent au secours de Genève,

et obligent le duc à renoncer à ses prétentions, en leur engageant le pays de Vaud, pour gage de sa parole. Ce serment à peine fait, est violé; mais la réforme a retrempé le caractère des Genevois. Aidés des Bernois, ils repoussent les seigneurs savoyards, qui voulaient s'emparer de leur ville: l'évêque prend la fuite, François Iᵉʳ chasse le duc de sa propre capitale, Fribourg et Berne s'emparent du pays de Vaud et du comté de Romont; enfin, Genève se déclare indépendante et protestante; elle prononce la déchéance de son évêque, et prend rang parmi les villes libres de la Suisse.

La voix de Calvin a retenti dans son enceinte. Cet étranger sévère, actif, profond, timide, inflexible, sobre, désintéressé, surmonte les haines auxquelles il est en butte et devient le législateur de Genève. Tout change de face. La civilisation succède à la barbarie, la piété à la superstition, le courage à la faiblesse, les bonnes mœurs à la débauche la plus criminelle. Mais l'intolérance et la cruauté de son siècle se mêlent, à son insu, à ses institutions philosophiques. Servet est brûlé pour avoir appelé la Trinité, *un cerbère à trois têtes.* La prison, les tortures, le carcan, punissent la fraude, le jeu, l'infraction du dimanche, l'usage d'un habit trop riche. On précipite dans le lac, sur le simple soupçon d'impudicité. Cependant la ville prospère. En un seul jour cinquante Anglais, quatre Espagnols, vingt-cinq Italiens et deux cents Français, sont admis à y fixer leur résidence. En sept ans, la population s'accroît de moitié; Genève devient la métropole de la réformation; mais les Suisses refusent de la recevoir dans la confédération, parce qu'ils redoutent l'esprit turbulent de ses citoyens. Berne seule conclut une alliance avec eux.

La Suisse avait renoncé à trafiquer du sang de ses fils; mais non à les voir s'entr'égorger dans des guerres intestines (1550). La différence de religion avait relâché les liens de l'union politique. L'intolérance franchit les Alpes et trouble l'Italie. Les catholiques, excités par le pape, bannissent de Sorreno les religionnaires, leurs femmes, leurs enfans. Ces malheureux sont forcés, au milieu de l'hiver le plus rigoureux, de fuir leur patrie et de se jeter dans des montagnes, dont ils ignorent les sentiers. Les confédérés leur ouvrent les bras. Plus de cent s'établissent à Zurich, qu'ils enrichissent de moulins, de teintureries, de manufactures de soie. Malgré l'opposition générale, les cantons catholiques persistent à envoyer leurs fils servir au poids de l'or dans les armées étrangères. Plus de vingt mille Suisses combattent indistinctement dans le parti d'Henri IV et dans celui de la ligue, et s'entre-détruisent journellement pour une cause qui n'est pas la leur.

Sur ces entrefaites, un jeune cardinal, plein de finesse et d'éloquence, arrivait en Suisse (1555), parcourait le pays en le soulevant contre le protestantisme, fondait des écoles catholiques, négociait la résidence perpétuelle d'un nonce, et prêchait la ligue contre les réformés. C'était le fameux Charles Borromée. Ses démarches semblent d'abord réussir. Le nonce arrive même à Berne. Mais il n'y est pas plus tôt entré, que les habitans en masse se soulèvent pour le chasser; les enfans le poursuivent à coup de boules de neige. Tous les évangélistes crient à la trahison, jurent une haine éternelle à Rome, et refusent tout ce qui en vient, jusqu'au nouveau calendrier. Les sept cantons catholiques forment, à Lucerne, la *ligue d'or*. Les plus légères causes entraînent les plus graves effets. Le procès d'un citoyen de Mulhouse occasionne un horrible massacre. Pour comble de malheur, des capucins viennent prêcher dans Appenzell. On s'égorge dans tout le canton. Afin d'arrêter cette barbarie, on divise les habitans en deux parties. Une rivière sépare les deux communions. Chacune a son gouvernement et son tribunal. Ces deux divisions nommées *Rhodes intérieures* et *Rhodes extérieures*, envoient à la diète des députés particuliers, et le calme se rétablit.

Le duc de Savoie ne pouvait se résoudre à renoncer à ses prétentions sur Genève. Il forme le projet de surprendre cette ville par escalade. Des échelles, peintes en noir, afin d'être moins aisément remarquées, sont appliquées de nuit contre les murailles, (1584). Un jésuite écossais, vendu à l'ennemi, recevait les soldats sur les crénaux, et leur donnait l'absolution à mesure qu'ils arrivaient. Une sentinelle entend du bruit et en prévient son caporal qui envoie un soldat avec une lanterne. Celui-ci tombe au milieu des Savoyards, lâche son coup d'arquebuse et tombe mort. Le signal était donné ; le premier poste se replie sur les casernes ; la générale rassemble les troupes ; le tocsin éveille les citoyens. « *Vive Espagne ! vive Sar-* « *daigne ! ville gagnée !* » s'écrie l'ennemi, en se précipitant dans les rues. Mais déjà les canons de la place sont retournés et braqués sur lui. On se bat à la lueur des chandelles qui brillent à toutes les croisées, et les troupes du duc sont obligées d'évacuer la ville en désordre, laissant deux cents hommes sur divers champs de bataille. On conclut une paix qui n'empêcha pas l'ennemi de continuer ses intrigues secrètes. Fort heureusement que la punition des traîtres précédait toujours l'exécution des complots. Genève fête encore, chaque année, la glorieuse nuit de l'escalade.

Aux guerres de religion qui divisent encore la Suisse, se joint, en 1615, une peste affreuse qui enlève le quart de ses habitans. Bâle perd quatre mille âmes, Zurich cinq mille, Glaris deux mille, la Thurgovie trente-trois mille

cinq cent quatre-vingt-quatre. Ge-
néve, qui pleure un tiers de sa population, brûle des sorciers accusés
d'avoir attiré le fléau, et condamne à
mort vingt-quatre hommes et sept
femmes, auxquels on impute de l'a-
voir communiqué volontairement.

L'Espagne voulait, en s'emparant de
la Valteline, rendre ses États d'Italie
limitrophes de l'Autriche, par le Tyrol.
La France prévoit son dessein, et jure
d'y mettre obstacle. Les deux puissances ont de chauds partisans dans
le pays des Grisons. Hercule de Salis
dirige la faction protestante, qui est
en même temps la faction française.
Rodolphe de Planta se met à la tête
des catholiques, qui sont vendus à
l'Autriche et à l'Espagne. La patrie
n'existe plus, ni pour l'un ni pour
l'autre parti. La victoire se prononce
d'abord en faveur de la France, qui
se baigne dans le sang des vaincus. Le
coup avait été terrible. Il avait étonné les puissances belligérantes. Mais la

haine n'était qu'assoupie. L'or de la France et de l'Espagne l'ont bientôt rallumée. On complote, on assassine, on condamne, on se venge. Les femmes de l'Engladine se jettent, nouvelles Sabines, entre leurs frères et leurs époux, et parviennent à les réconcilier. Mais le zèle outré des prédicateurs a bientôt détruit leur ouvrage. A leur voix, des conciliabules s'organisent, et une nouvelle Saint-Barthélemi est organisée, à l'instar de celle de France. Les protestans sont instruits du complot, et préviennent leur ruine, par le massacre de leurs ennemis. Le sang coule sur l'échafaud et sur les champs de bataille. La jeunesse, l'innocence, la vieillesse, rien n'obtient grâce auprès de ces forcenés. Le vénérable archiprêtre de Bidano est jeté dans les fers et empoisonné, après avoir été torturé vainement. Le landermann de Pragel tombe sous la hache du bourreau, à l'âge de soixante-quatorze ans.

A ces calamités humaines se mêlent bientôt les ravages de la nature.
Les villages de Pleurs et de Celano, situés au pied du mont Conto, dans la
vallée de Clèves, s'engloutissent durant la nuit (1650). Trois mille hommes trouvent la mort dans cette déplorable catastrophe. Elle arrache peu
de larmes aux confédérés, tout entiers
à leurs haines. On jure de venger l'archiprêtre et le landermann, assassinés
par le tribunal protestant de Thusis.
Les catholiques s'arment ; leurs chefs,
les deux frères Planta, intriguent sour-
dement. Leur cousin, Jacques Ro-
boustelli, soulève la Valteline ; des
masses de vagabonds, sans aveu, se
pressent sur ses pas. Les villages sont
cernés, le massacre des protestans est
général. Ni l'âge, ni le sexe, ne peut
sauver les victimes désignées. On les
mutile inhumainement ; on leur coupe le nez, les oreilles, les paupières ; on
met le feu à leur gosier rempli de pou-

dre. 'Adda ne roule plus que du sang et des cadavres.

Mais la ligne grise soutient en vain les catholiques. Pompée Planta est massacré. Son frère Rodolphe introduit les Autrichiens au sein de sa patrie. Stimulés par cet exemple, sept mille Italiens s'emparent de Clèves. Des soldats, des capucins, des bourreaux couvrent la malheureuse Helvétie. Des larmes et du sang coulent de toutes parts. Les habitans de Pretiggoen s'enfoncent dans les bois. Ils métamorphosent leurs faux en lances, et leurs couteaux en poignards; ils fabriquent des massues avec des troncs d'arbres, et les arment de clous. Le dimanche des Rameaux, ils fondent sur les étrangers et les forcent à la retraite; mais dix mille Autrichiens reviennent au combat. Le carnage est affreux; les braves Grisons sont écrasés à Aquesana. La plume se refuse à retracer toutes les horreurs de cette sanglante époque.

Cet affreux succès des Autrichiens est connu du roi de France (16¹5), qui se décide enfin à secourir les Grisons, et leur envoie une armée formidable. Les exilés protestans se mettent à sa tête avec les secours de Berne et du Valais; les garnisons autrichiennes sont partout expulsées; mais le roi de France traite bientôt avec l'Espagne, et une nouvelle armée autrichienne soumet encore ce malheureux pays. Ce n'est qu'après treize ans d'esclavage que la liberté lui est rendue. L'Autriche et la France signent un traité dont la première clause est l'évacuation de la Rhétie. Les Grisons choisissent pour leur généralissime le duc de Rohan, ambassadeur de France, qui recouvre la Valteline; mais des ordres de son maître viennent lui apprendre qu'il n'a travaillé que pour la France. Victimes d'un parjure qu'ils n'imputent pas au chef qu'ils se sont donné, les Grisons s'engagent à ne recourir jamais à l'influence étrangère. La conspiration se forme dans la maison de Meyer, bourgmestre de Coire ; et Rohan, malgré l'attachement qu'on lui porte, ne juge pas à propos de s'exposer à la colère de ceux qu'il a été forcé de trahir.

L'Espagne et la France consentent, en 1640, à laisser la liberté aux Grisons, moyennant que le catholicisme sera leur religion dominante. Une douce paix succède à quinze années de désordre, et le protestantisme se répand dans ces vallées en dépit des vainqueurs. Un mélange à peu près égal de biens et de maux avait résulté de la réformation, et la Suisse avait gagné du côté des mœurs ce qu'elle avait perdu en union et en force.

Cette longue période de carnage, connue sous le nom de guerre de trente ans, et commencée en Bohême depuis 1618, devait venir se terminer en Suisse, après avoir entraîné dans son cours la Suède, la Hongrie, la France, l'Italie et l'Espagne. Les armées belligérantes demandent tour à tour aux confédérés et des secours et le passage des Alpes, promettant de défendre leur territoire et de respecter sa neutralité. Les confédérés, pour toute réponse, offrent à l'étranger le triste tableau de la guerre civile. Berne, Soleure, les Valdstœtten et Zurich s'entre-déchirent, au lieu de surveiller leurs frontières. Les Autrichiens font des trouées sur plusieurs points ; ils portent le fer et la flamme dans plusieurs cantons. Au lieu de recourir aux armes, les Suisses descendent aux plus basses supplications. Ce n'était pas le moyen de gagner les vainqueurs. Les plus beaux discours retentissent à la diète, mais personne ne verse dans le trésor de quoi pourvoir à l'équipement et à l'entretien d'une armée permanente. Berne, qui a décrété une contribution extraordinaire d'un millième des biens de chacun, est obligée de sévir contre le peuple de l'Emmenthal. Zurich crée un pareil impôt et n'est pas plus heureuse dans sa perception. Des vagabonds qui suivent les troupes étrangères, se jettent sur l'Helvétie, s'emparent du commandement des villages, et y commettent ou y laissent commettre des crimes qui révoltent l'humanité.

La paix de Westphalie vient enfin mettre un terme aux maux de la guerre (1646). Le bourgmestre de Bâle, Jean-Rodolphe Wettstein, député à Munster par la confédération, oblige l'empereur, les rois et les princes qui s'y trouvent rassemblés, à ratifier l'indépendance que la Suisse a conquise et qu'elle jure de conserver éternellement. Le congrès déclare solennellement que cette république ne relève en rien de l'empire, et qu'elle est maîtresse de se gouverner elle-même suivant son bon plaisir. A partir de ce jour, l'empereur ne qualifie plus ses bourgeois d'*amés et féaux alliés de sa personne et de l'empire*, mais bien de *sévères, respectables, honorés et particulièrement chers.*

Le retour des guerres religieuses et des dissensions intestines marque toute la durée du dix-septième siècle. Cette longue et sèche nomenclature de ridicules et de crimes fatigue l'esprit et attriste l'âme. Vainement les villes de l'Helvétie ont-elles secoué le joug de l'esclavage ; la terre classique de la liberté moderne renferme dans ses vallées et dans ses campagnes des paysans encore serfs, épuisés par les impôts, écrasés par les baillis, maltraités par les nobles, et méprisés par les bourgeois. Ces paysans, enfin, se décident à élever la voix. Les communes de l'Entlibouch envoient à Lucerne des députés, qui sont traités avec dédain. On s'arme. Quatorze cents bergers avec des massues se mettent en campagne. L'avoyer Doulleker veut tenter de les faire rentrer dans le devoir, mais sa démarche n'a aucun succès. Ces paysans se liguent avec ceux des environs de Berne, sanctionnent leur alliance par un serment, et se disposent à défendre leurs droits. Les six cantons catholiques offrent leur médiation. On s'empare de leurs députés, mais reculant tout à coup devant cette première audace, et réfléchissant aux forces qui vont les accabler, les paysans s'empressent de les relâcher et de se soumettre à la décision des cantons. On les renvoie dans leurs vallées, et la tranquillité paraît rétablie. Mais elle est de nouveau troublée pour les mêmes causes dans tous les villages du canton de Berne. C'est en vain qu'on fait marcher des paysans contre des paysans, on est forcé de recourir à d'autres moyens pour les réduire. Schaffhouse, Bâle et Mulhouse fournissent des troupes. L'Argovie entière se soulève contre elles ; la révolte gagne presque tout le canton de Soleure. Repoussés par la population, les soldats sont forcés à la retraite ; le désordre est à son comble ; on assiége les baillis dans leurs châteaux, une conspiration générale est ourdie, et peutêtre eût-elle eu un plein succès, si l'ambassadeur français, Lagarde, auquel les conjurés avaient eu l'imprudence d'en soumettre le plan, ne l'eût révélée aux magistrats de Berne. On s'attendait à voir les vainqueurs venger cruellement ce qu'ils appelaient leurs droits méconnus. Tout se borna à un traité de paix assez équitable, que les députés des cantons rebelles furent forcés de recevoir et d'entendre à genoux.

Le mécontentement avait cessé, mais non le motif qui l'avait fait naître. Il ne s'agissait pas de se soumettre à un pouvoir que les siècles n'avaient pas suffi pour légitimer. Il fallait savoir si cette liberté conquise d'abord par les seigneurs, et puis par les villes et les communes, devait être refusée, après un long esclavage, aux habitans des campagnes. Animés de ce louable désir, ils s'assemblent à Summiswald, se choisissent pour chef Nicolas Leuenbrugger, font des lois, correspondent avec le reste de la Suisse et mettent des troupes en marche. On leur fait des propositions, ils les rejettent avec orgueil et pillent plusieurs villages. Mais attaquant sans discipline et manquant d'artillerie, ils échouent devant les places fortes. On entame de nouvelles négociations. Berne offre aux chefs soixante mille livres à titre de soulagement. Les paysans désavouent le traité et réclament à grands cris la guerre. Toujours battues et toujours insolentes, ces bandes rebelles finissent par être culbutées près de Languenthal (1660). On désarme la multitude, on charge de fers et l'on met à mort les chefs principaux ; on impose de fortes amendes aux bailliages qui ont pris part à l'insurrection ; enfin, la philosophie voit avec effroi des hommes à peine échappés à l'esclavage s'opiniâtrer à conserver des esclaves en dépit des progrès de la civilisation et des lumières.

A la guerre civile succède encore une fois la guerre religieuse, guerre déplorable, dont la cause fait honte à l'humanité et qui est arrosée du sang de tant de victimes du fanatisme. L'ambition de Louis XIV fait un moment diversion à ces massacres. Les Suisses catholiques offrent des secours à ce monarque, qui vient de faire bâtir Huningue, en face de Bâle, et tandis que les protestans s'y refusent obstinément, les premiers, au nombre de trente-deux mille, entrent dans les armées du roi de France. Le petit district de Toggenbourg, tyrannisé par l'abbé de Saint-Gall, donne lieu bientôt à une nouvelle querelle. Les protestans qu'il opprime sont défendus par Zurich et Appenzell. On en vient aux mains. Les révoltés, soutenus par trente-cinq mille hommes, chassent l'abbé, qui n'en a que six mille. Mais vaincus à leur tour, à Villemerguen, ils sont obligés de signer une paix, dont les conditions auraient pu être plus dures si les vainqueurs se fussent montrés moins généreux. La mort de Louis XIV, le règne paisible du régent, et par dessus tout le refroidissement sensible du zèle religieux calmèrent les fureurs qui, depuis trop long - temps, agitaient la Suisse. Son histoire se rapetisse à mesure que sa gloire grandit, et sa politique ne se compose plus que de continuelles intrigues sans importance.

Aucune période, dans les annales de l'Helvétie, n'a donné lieu à des jugemens aussi opposés que celle du dix-huitième siècle. Quelques historiens comparent cette époque à celle qui précéda Guillaume Tell, et la considèrent comme indigne de l'attention de la postérité ; d'autres y voient revivre les antiques formes du gouvernement, le patriciat de Rome et la démocratie de la Grèce. Il nous paraît y avoir de l'exagération des deux côtés, et peut-être en balançant les deux opinions, arriverons - nous à la vérité, unique but des investigations de l'histoire impartiale. La Suisse était libre, mais divisée; ignorante, mais paisible; faible parmi les États, mais neutre dans les débats de ses voisins.

Des contestations d'intérêt divisent, en 1714, Bâle, Zurich et Schaffhouse. Le Werdenberg renouvelle la révolte des paysans de l'Entlibouch et de Berne: le mouvement s'opère sans ordre; Glaris prend les armes, apaise l'insurrection et impose aux vaincus une contribution forcée. Tous leurs titres de liberté sont anéantis, mais ils sont bientôt recouvrés par les bergers de la Linth. Quelques querelles religieuses ne troublent qu'un instant Appenzell. Zoug se divise au sujet de la distribution des pensions de la France. La cupidité d'une poignée d'ambitieux désunit ses habitans paisibles; le calme ne renaît que lorsque Schummaker, créature de l'Autriche et principal moteur de la révolte, est parti pour Turin, où il va passer trois ans au bagne.

Des dissensions intérieures agitaient Genève. Elle avait, comme Rome, ses tribuns du peuple. Fatio, jeune conseiller d'État, meurt comme le premier des Gracques ; son frère, membre du sénat, approuve sa mort. La liberté de la presse échauffe les esprits. Le peuple s'aperçoit qu'une partie des canons de la place est tamponnée et que le reste a été transporté sur les hauteurs qui dominent la ville. La révolte éclate ; les magistrats font des concessions qui ne désarment pas les mutins ; ce n'est enfin qu'à la médiation des confédérés qu'on doit le retour de la tranquillité publique.

Berne était opprimée par son aristocratie. Des hommes plus instruits qu'unis et plus courageux que prudens, jurent de lui rendre la liberté. Ils mettent à leur tête Samuel Henri, capitaine et poëte de mérite. Des familles puissantes, jalouses de l'autorité des nobles, se joignent à lui. Des gens sans aveu s'affilient à l'association avec dessein de la trahir. Henri apprend qu'on va l'arrêter. Il sait que ses complices, Verner et Forceter, ont déjà demandé grâce ; il ne les imite pas ; mais fier et constant dans ses principes, il refuse son pardon et meurt en héros. Tous les autres conjurés sont bannis pour vingt ans.

Uri a envoyé un bailli dans la vallée d'Iem, sur le revers méridional des Alpes. Les paysans se révoltent contre lui et mettent deux mille hommes sur pied : ils résistent long-temps. Soumis enfin et désarmés, on les convoque au pied du Saint-Gothard, dans la plaine où ils se rassemblent pour leurs délibérations, et là, à genoux, la tête découverte, ils écoutent en silence le jugement qui les déshérite de tous les droits de leurs ancêtres et ils prononcent, au milieu d'un double cercle de baïonnettes, l'horrible serment qui anéantit leur liberté et celle de leurs derniers neveux. Les trois principaux auteurs de l'insurrection tombent sous la hache du bourreau et leurs têtes sont clouées à une potence (1749).

Neufchatel n'est point intimidée par ce terrible exemple. Elle secoue le joug de Frédéric le Grand, roi de Prusse. L'ami de Voltaire avait étendu les libertés de cette ville. Elle oublia le bienfait et s'arma contre le bienfaiteur sans avoir aucun moyen de défense. Frédéric vainqueur se montra généreux. Loin de sévir contre les vaincus, il leur accorda de nouvelles libertés, grande leçon de sagesse, dont ne sut point profiter la confédération helvétique (1768).

Dans l'Appenzell, Souter, le landamann des *Rhodes intérieures*, homme sage et fort instruit, cherche à agrandir le territoire du canton. Il est accusé devant la diète, et, victime de la haine des capucins, il se voit condamné à un bannissement injuste. Son nom est cloué au gibet ; sa femme est forcée au divorce ; ses amis sont rejetés du canton. La sentence ne spécifie pas le crime. Le vénérable vieillard se réfugie à Constance. Des citoyens osent demander la révision du procès; quatre paient cette audace de leur tête, et cependant la haine de ses ennemis n'est point satisfaite; il faut qu'il périsse. On dicte à sa fille une lettre, par laquelle elle prie son père de se rendre à Wald, commune des *Rhodes extérieures*, où de bonnes nouvelles lui seront communiquées. L'innocent proscrit accourt à la voix de sa fille trompée. Il croit la presser dans ses bras; il rencontre, à sa place, le bourreau qui le saisit, le garrotte, le fait monter sur le fatal tombereau, où, prosterné, les yeux levés au ciel, il prie au milieu de soldats ivres. Appliqué trois fois à la torture, il n'avoue que son innocence. Condamné à mort, malgré la protestation de vingt juges, il écoute avec calme sa sentence, monte à l'échafaud d'un pas assuré, recommande son âme à Dieu, et rend le dernier soupir (1770).

Les paysans des environs de Fribourg se plaignent de la stagnation du commerce, et réclament les droits dont jouissent les citadins. Chenaux, homme instruit et courageux, se met à la tête d'un mouvement que soutiennent les paysans de Gruyères. On tente de s'emparer de Fribourg. Un régiment de cavalerie bernoise fait mettre bas les armes aux insurgés. Chenaux fuyait. Un des siens le tue par vengeance, ou peut-être pour l'arracher au supplice. Sa tête est exposée au bout d'une pique, et sa tombe devient un objet de culte, malgré les défenses de l'évêque et les baïonnettes des soldats. Enfin la paix est achetée au prix de l'exil des meilleurs citoyens, et les charges dont on s'était plaint sont allégées (1781 — 1790).

Voilà dans quel état se trouvait la Suisse, quand la révolution française éclata; cette confédération, bizarre assemblage de féodalité et d'indépendance, de bravoure et de vénalité, de fierté et d'esclavage, de philosophie et de superstition, espérait être respectée par le torrent qui menaçait la France. La réforme politique de cette puissance eut d'abord peu de partisans parmi les enfans de Guillaume Tell. Le massacre des régimens suisses, fidèles défenseurs de l'infortuné Louis XVI, acheva de lui aliéner les esprits des Helvétiens. Le pays de Vaud, si voisin de la France, semble seul partager l'esprit révolutionnaire, qu'on cherche vainement à répandre dans Genève. La confédération elle-même alimente cette funeste discorde, en refusant à ses sujets l'abolition des droits féodaux et l'admission de tous les citoyens à tous les emplois, réclamations renouvelées trop souvent et auxquelles il était alors plus que jamais convenable de faire droit. Loin de là on temporise, on marchande, on diffère; le 18 fructidor arrive (1797), le traité de

Campo-Formio est signé, la neutralité de la Suisse pèse à la France, qui fait secrètement pressentir à la confédération la possibilité de diriger des troupes à travers le Simplon. Un refus ne faisait qu'enflammer l'esprit de Bonaparte. Celui qu'il reçut dans cette occasion ne servit qu'à le confirmer dans son dessein. Carnot et Barthélemy essayèrent vainement de le faire renoncer à cette invasion. Tout fut inutile. On rappela l'ambassadeur, et celui qui le remplaça eut la mission occulte de chercher à ranimer les anciennes haines entre les paysans et les bourgeois. A ces démarches détournées en succédèrent de plus directes et de plus officielles. Un décret plaça sous la protection spéciale de la république française tout Suisse qui réclamerait vainement justice de Berne et de Fribourg. L'émigration française, bien accueillie dans ces deux villes, commençait à y ourdir des trames contre sa patrie, lorsque cette nouvelle y parvint. Les bravades et les criailleries des étrangers ajoutèrent encore à l'incertitude générale. Berne, divisée en deux factions, sentait le besoin de prendre au plus tôt un parti et ne savait se décider pour aucun. On crut ranimer l'esprit national en renouvelant le serment à la confédération. Le temps où cette cérémonie patriotique enfantait des héros était passé. D'ailleurs l'ambassadeur de la république française ne siégeait-il pas parmi les confédérés ?

Le danger approchait, et l'on ne résolvait rien. Les gouvernemens, sans force et sans énergie, se laissaient emporter dans le tourbillon des volontés les plus contraires. Ce fut alors que quelques patriotes de Fribourg, de Schaffhouse, de Soleure, de Bâle et de Zurich, formèrent le projet d'exiger du pouvoir une déclaration formelle de l'indépendance helvétique. Ils étaient nombreux et arrogans; on se hâta de faire droit à leur demande.

Les droits politiques cédèrent un moment la place aux droits naturels. Le petit peuple de Gaster, celui de tous qui peut-être a fait preuve de plus de loyauté en révolution, rembourse aux Cantons, dont il était serf, la somme qu'ils avaient payée pour son achat. C'est au milieu de ces principes d'ancienne équité, si rare chez les nations modernes, que l'esprit de la révolution française se propage et s'insinue chez les Helvétiens. Ses progrès n'y furent pas rapides. Il existait trop de différence entre les mœurs des deux républiques.

Le tribun Ochs, de Bâle, rédige pour la Suisse une constitution nouvelle, qui n'est qu'une copie abrégée de la constitution française. Elle est aisément adoptée dans le pays de Vaud, où se trouve Brune, à la tête d'une division de l'armée d'Italie. Il n'en est pas de même du reste de l'Helvétie, où on la répand avec profusion. Les cantons démocratique sont

accédé à l'émancipation de leurs sujets. Ils espèrent qu'on n'exigera d'eux
aucun autre sacrifice, et qu'on les
laissera jouir de la paix, unique but
de tous leurs désirs. Leurs espérances
sont déçues. Berne, devenue sage trop
tard et éclairée à ses dépens, com-
prime dans son sein les factions qui
s'y déchaînent, en reconnaissant pour
base de son gouvernement la repré-
sentation du peuple et l'admission des
citoyens à tous les emplois.

Sur ces entrefaites, une insurrection éclate dans l'Argovie. Les batail-
lons français descendent par l'Erguel
et le Musterthal. La générale bat dans
les murs de Berne. Vingt-deux mille
hommes d'infanterie et cent-cinquante
dragons vont en sortir pour marcher
à la rencontre d'une armée de qua-
rante-cinq mille hommes de troupes ré-
glées, quand cette ville, mal soutenue
par les autres cantons, s'effraie, se divise et retarde ses moyens de défense;
Brune ne veut rien entendre qu'on

n'ait consenti à la reddition de la place et au licenciement de l'armée. La confusion règne dans les ordres que les magistrats donnent au général d'Erlach ; l'indiscipline et la désertion se mettent dans la petite armée bernoise, et l'on touche déjà à l'expiration de l'armistice.

Brune et Schauenburg ont opéré leur jonction. Ils prennent d'assaut Fribourg et Soleure, dévastent les campagnes et forcent les positions d'Erlach ; mais ils sont repoussés par Graffenried. Furieux, ils reviennent à la charge, et combattent deux heures contre des miliciens, qui, embusqués dans la forêt de Granholtz, se rallient quatre fois malgré le feu continuel de l'artillerie volante, et opèrent leur retraite sur Berne dans le meilleur ordre et sans cesser de combattre. La ville capitule, les milices qui ont montré tant de bravoure dans le combat, s'abandonnent après leur défaite à un désespoir dont leurs officiers et le

brave d'Erlach lui-même sont les sanglantes victimes.

Les villages sont pillés; Berne seule obtient des conditions moins désavan-tageuses. Le général français réussit à y faire régner le bon ordre et la disci-pline. Mais les trésors de cette ville et ceux de Zurich, de Soleure, de Lucerne et de Fribourg, servent à ali-menter la guerre d'Égypte. Les ri-chesses enfouies dans les caveaux de Berne depuis Charles le Téméraire, sont transportées au pied des Pyra-mides; l'argenterie est enlevée; on vend au poids les vieilles armures de chevaliers qui décoraient l'arsenal; une contribution forcée de deux mil-lions est levée sur la noblesse; le com-merce acquitte le montant de lettres de change adressées à des voyageurs anglais. Ces extorsions intérieures étaient organisées avec une adresse et une avidité peu communes par le com-missaire ordonnateur *Rapinat*, ex-procureur, que le ciel et la terre semblaient s'être entendus pour former tout exprès pour la dilapidation.

Les richesses de la Suisse ne suffisaient pas pour assouvir la cupidité de la France. Il fallait encore aux vainqueurs des ôtages qui leur répondissent de la tranquillité des vaincus et de leurs paiemens à venir. Onze magistrats de Berne et de Soleure, presque tous vieux et infirmes, furent envoyés à la citadelle de Hazbourg. Un traité conclu à Paris n'obtint son exécution, que lorsque M. Jenner; qui était chargé de la réclamer, eut consenti à verser l'or à pleines mains.

Tant de maux auraient pu être évités ou du moins considérablement diminués par l'armement en masse des Suisses. Ils eussent pu soutenir, avec succès, une guerre défensive, peu coûteuse pour eux, et onéreuse pour l'ennemi; mais leur enthousiasme national n'existait plus, et les paysans, qui n'avaient pu obtenir la plénitude de leurs droits, étaient peu disposés à combattre ceux qui les leur faisaient accorder.

A cette époque, la France, il faut en convenir, ne se montrait digne ni de la liberté démocratique, ni même de la liberté constitutionnelle. Il lui fallait des fers. La tyrannie militaire les lui apporta. La gloire remplaça l'indépendance ; les lauriers de la guerre et des beaux-arts couvrirent le joug du despotisme, et un *sénatus-consulte organique* lui apprit bientôt que dix ans de sacrifices n'avaient servi qu'à rétablir le gouvernement absolu dans l'exercice de tous ses droits.

La parole d'un ministre français, du citoyen Adet, est violée. Genève, surprise, est incorporée à la France. La constitution de l'Helvétie est renversée d'un coup de main. On déclare d'abord cette république *une* et *indivisible*. On la partage ensuite en trois républiques, la *rhodanique*, l'*helvétique* et la *telliane*. La rhodanique, qui fut la seule organisée, vécut sept jours ;

on s'occupait de la formation des deux autres, quand le courrier de Paris apporta une nouvelle constitution *unitaire*, calquée sur celle de France durant le directoire. Vingt-deux cantons furent créés. Ceux dans lesquels la démocratie s'était jusqu'alors conservée intacte, frémissent de se voir jetés dans un moule uniforme, sans qu'on ait pris seulement la peine de les consulter; ils ne conçoivent pas que des institutions cimentées du sang de leurs pères, et légitimées par le cours des siècles, puissent être ainsi brisées dans un jour et d'un trait de plume. « Réformer notre organisation politique, écrivent-ils au directoire, c'est anéantir notre bonheur; vous ne le voudrez pas. Et pourquoi? qu'y gagnerez-vous? Nous sommes des peuples sans éclat, des montagnards et des pâtres, contens de notre sort, heureux de notre pauvreté, qui suffit à nos besoins, et qui ne pourrions payer les dépenses d'un nouveau gouvernement, dont nous ne voyons pas l'avantage. Voudriez-vous opprimer un peuple paisible, qui ne vous fait point de mal? Non; votre nation, si grande, ne ternira point ainsi sa gloire. »

L'envoi d'une armée républicaine fut la seule réponse à cette protestation. Les montagnards de Schwitz, d'Uri et de Glaris, ayant à leur tête le général Aloïs Reding, jurent sur les rochers de défendre la patrie jusqu'au dernier soupir. Le prêtre Marianus Herzog et le capucin Paul Styger bénissent les étendards de la liberté, et excitent la fureur du peuple contre les ennemis. On se précipite dans la plaine, on court à Lucerne, on s'en empare. Les Français reprennent la ville, éprouvent une déroute près de Zurich, se rallient, se font battre encore à Richtenswyll, à Immensée, à Kussnach, et occupent enfin Wolzan et Pfeffikan. Mais ces victoires ont coûté cher au peuple helvétien. Deux de ses plus vaillans capitaines, Hanser et Paravicini sont restés sur un des derniers champs de bataille. Aloïs Reding s'est fortifié dans ce célèbre défilé de Morgarten, où l'un de ses ancêtres, Rodolphe Reding, a défait les Autrichiens cinq siècles auparavant. Les femmes de Schwitz, portant leurs enfans suspendus sur leur dos, préparent des fascines et allument des feux sur les montagnes. Elles passent une nuit à rouler les canons sur la crête des rocs, le long des abîmes. Ce peuple de bergers se précipite aux combats avec la bravoure d'une vieille armée. La bataille dure deux jours. Chaque pan de rocher, chaque massif de bruyère est devenu une redoute, d'où un feu caché foudroie les troupes françaises, qui essaient vainement de se rallier. Elles sont forcées de battre en retraite et de se replier sur Egueri, après des prodiges de valeur. Leur perte fut dix fois plus considérable que celle des Suisses.

Ces pâtres héroïques avaient à regretter la moitié de leur monde. Encore une victoire et ils étaient anéantis. En vain sont-ils depuis deux jours privés de repos et de nourriture; rien n'a pu désarmer leur admirable courage, et ils se préparent tranquillement à risquer pour la dernière fois le sort des armes, quand leurs femmes, leurs enfans s'offrent à eux les yeux hagards, les traits décomposés par la faim. Cette vue a sur eux plus de pouvoir que la crainte de l'ennemi. Les drapeaux et les mousquets s'abaissent; ces soldats agrestes se sont rendus. Dans le Valais la résistance et la soumission furent à peu près les mêmes, et soixante-quatorze jours de combats détruisirent cette confédération helvétique, qui comptait cinq siècles d'existence. Sa fin ne fut pas moins glorieuse que sa naissance. On croyait tout pacifié, lorsqu'un soulèvement de l'Underwalden vint encore inspirer des craintes aux vainqueurs. On avait envoyé à Paris la madone d'Einsiedlen. Le peuple, privé de l'image de sa céleste protectrice, chasse les autorités françaises. Quinze mille hommes commandés par Schauenburg, attaquent Nidwalden, défendu par deux cent quatre-vingt Suisses. Les femmes, les vieillards, les enfans se mêlent aux patriotes. Mais tout est balayé par le canon français ou passé au fil de l'épée. Le prêtre est massacré à l'autel. De cinq cent quatre-vingt-quatre maisons, pas une n'est sur pied. Une contribution de soixante mille livres ne peut être levée ; le pays n'est plus qu'un désert.

Une douce consolation vient se mêler ici à tant de scènes de carnage. Les Français, oubliant que ces ruines leur ont coûté trois mille hommes, fournissent aux fugitifs, qui vont périr de froid et de faim, douze cents rations par jour. Le fameux Pestalozzi recueille quatre-vingts enfans d'Underwalden, qu'il nourrit et qu'il élève. Tout est soumis cependant à cette constitution imposée par l'étranger, et qui, par le fait, unit la Suisse à la France.

Elle n'existe plus cette ancienne neutralité, dont l'Helvétie se montrait si fière. Ses barrières sont rompues. Autrichiens et Russes fondent pêle-mêle sur son territoire. Les Suisses s'entre-égorgent sous différentes bannières pour des intérêts qui ne sont pas les leurs. Aux massacres méthodiques des batailles se mêlent de lâches assassinats que la tyrannie des Français ne justifie pas. Les Cosaques de l'Asie occupent la patrie de Guillaume Tell, et combattent sur les lacs, dans les vallées, sur les montagnes, dans les précipices. La Suisse est teinte de sang. On prend et l'on perd les Grisons à plusieurs reprises. Korsakow, à la tête d'une armée supérieure, attaque Masséna, qui, par une manœuvre prompte, déborde l'ennemi, le culbute, et va s'asseoir au banquet que le ministre anglais Wickam avait préparé pour les Russes.

Tandis qu'ils fuient, d'autres arrivent à leur place sous le commandement de Souwarow, vieux général, digne de se mesurer avec Masséna. Les Français se précipitent à leur rencontre, et, après plusieurs jours d'un massacre continuel sur le sommet des montagnes, au fond des vallées, dans le lit des torrens desséchés, la plus éclatante victoire vient couronner encore le génie de Masséna et la bravoure de ses troupes. Souwarow fuit; la France reconnaissante adresse des actions de grâces au vainqueur de Zurich. La plus stricte discipline règne dans les murs de la place, et, cependant, un crime affreux est commis par une main inconnue. Le célèbre Lavater meurt frappé d'un coup de feu dans la poitrine par un homme auquel il venait de faire l'aumône.

La guerre se propage parmi les paysans. L'extermination est générale, la Suisse devient un vaste champ de bataille, et, pour comble d'effroi, la famine achève d'emporter ceux qu'ont épargnés les armes de tant d'ennemis déchaînés. Le val de Lévantine est dépeuplé. On va jusqu'à massacrer ces malheureux Crétins, espèce inoffensive et dégénérée, qui semble tenir le milieu entre le végétal et l'homme. Enfin, Moncey termine cette affreuse guerre et réussit à réconcilier les esprits par sa fermeté et sa modération.

La confédération suisse était sans doute moins bonne dans ses bases et ses résultats, que cette constitution unitaire dont la France républicaine avait fait don à l'Helvétie. Mais cette dernière était entachée de sa source originaire, elle était l'œuvre de l'étranger; elle ne put jamais s'acclimater dans ces montagnes, et finit par être renversée, non par ses victimes, mais par ses auteurs. Elle élevait encore trop les âmes; il était de l'intérêt de la France de les faire ramper. Le directoire suisse avait prouvé qu'il y avait encore des hommes dans son sein; il fut dissous. Deux gouvernemens provisoires lui succèdent et enfantent deux constitutions, dont l'une ne vécut qu'une semaine; l'autre se maintint jusqu'à 1802, où une nouvelle assemblée de notables, convoquée par l'étranger, mit au jour un nouveau pacte national. Il ne fut pas mieux accueilli que les précédens. La discorde va agiter encore ses brandons. Tout s'ébranle, la guerre civile se propage, elle embrase la Suisse entière. Bonaparte recule devant l'anarchie, mais il offre sa médiation à tous ceux qui aiment encore leur patrie et qui ont à cœur de l'arracher à une ruine complète. Quatre sénateurs français, MM. Barthélemy, Rœderer, Fouché et Desmeuniers, entrent en conférence avec six députés suisses de différens partis. Le consul étonne les Helvétiens par sa profonde connaissance des mœurs, des besoins, des institutions de leurs peuplades les moins fréquentées. Sa conversation avec les députés dure depuis une heure après midi jusqu'à huit heures du soir.

L'acte de la médiation suisse, dressé par Bonaparte sous le voile du vif intérêt que lui inspirait la fédération, est peut-être la plus habile conquête de l'adroite politique de ce grand homme. Les cantons populaires applaudirent à la suppression de la servitude et des priviléges; les cantons aristocratiques acceptèrent avec joie la confirmation d'un pouvoir qui flattait leur orgueil. Les résistances locales cédèrent insensiblement à une admiration générale. Démocrates et aristocrates bénirent unanimement le médiateur français.

Quant au petit nombre d'amis d'une liberté sage et éclairée, leur cœur mécontent de ce repos qui ressemblait à celui de la mort, et qu'empoisonnait la seule idée d'une puissance étrangère, chercha dans la solitude et dans le culte des sciences, ce bonheur exempt d'opprobre qu'ils ne trouvaient plus dans leur patrie. Ils se consolaient des amertumes du présent par les souvenirs glorieux du passé et par les douces espérances de l'avenir. Ces espérances ne tardèrent pas à se réaliser. L'homme qui s'était joué du sort en devint lui-même le jouet. Les frimats vainquirent, en quelques nuits, ces intrépides légions qu'aucun ennemi mortel n'avait pu vaincre. Le théâtre de la guerre se rapprocha insensiblement de la Suisse. Ce fut en vain que Napoléon réclama à son tour la neutralité de la fédération; le Rhin fut franchi; les alliés inondèrent la Suisse indignée. Cet acte de médiation, chef-d'œuvre de politique, qui avait assuré, pendant douze ans, la tranquillité d'un peuple si difficile à gouverner, fut mis en pièces à Berne, à Zurich, à Lucerne, à Fribourg, à Soleure. Bâle et Schaffhouse seules demeurèrent immobiles au milieu de la conflagration générale. Les complots, les émeutes, les bannissemens ébranlent la Suisse, encore en butte à l'anarchie. La paix renaît enfin à l'issue du congrès de Vienne, qui rend à l'Helvétie, ses antiques droits, ses anciennes limites et ses liaisons respectives, que les siècles ont cimentées.

Ce pays est encore digne de l'attention générale, si ce n'est par ce brillant patriotisme dont son histoire est empreinte, et par ce prestige d'invincibilité, qui fut si long-temps une source intarissable de prodiges; mais par sa position heureuse, la beauté de ses sites, la franchise de ses mœurs et ce charme pastoral de souvenirs qui rappelle si bien l'Arcadie antique. Jeté entre les lacs de Genève et de Constance, il renferme dans son étendue vingt-deux républiques qui se gouvernent elles-mêmes. Si les puissances étrangères vont encore recruter des soldats dans son étendue, du moins le calme presque universel dont jouit l'Europe donne-t-il lieu d'espérer que notre siècle ne verra pas se renouveler le scandale d'enfans d'une même patrie s'entre-déchirant pour des querelles qui ne sont pas les leurs. Si ce fanatisme bizarre, que madame Krudner a porté dans ces hauts lieux, s'y répand et s'y propage, un enthousiasme plus noble et mieux dirigé embrase aussi les compatriotes de Guillaume Tell. C'est parmi eux que les offrandes pour la Grèce ont été les plus universelles et les plus spontanées. Les Hellènes comptent plusieurs de ces républicains dans leurs rangs. La Suisse, enfin, s'enorgueillit de pouvoir ajouter aux noms glorieux d'Erasme, de Muller, de Gessner, de Lavater, de Haller, de Vernet, de J.-J. Rousseau, de Necker, de madame de Staël, de MM. Benjamin Constant et de Sismondy, celui du plus philanthrope soutien des enfans de Thémistocle et de Miltiade,... de ce vertueux Eynard, dont la réputation a fait le tour du globe.

FIN.

OUVRAGES

QUI COMPOSERONT LA COLLECTION.

Ceux marqués d'un astérisque * sont en vente.

HISTOIRE.

* 1. Histoire de France
* 2. —romaine.
* 3. —ancienne.
  4. —du moyen âge.
  5. —moderne.
  6. —de la Grèce ancienne.
  7. —de la Grèce moderne.
* 8. —d'Angleterre.
* 9. —d'Espagne.
  10. —de Portugal.
* 11. —de la Suisse.
  12. —de l'Allemagne.
  13. —de la Russie.
* 14. —de la Turquie.
  15. —de Suède, Norwège, Danemarck.
  16. —de la Prusse.
  17. —de la Pologne.
  18. —de l'Italie.
  19. —de Venise.
* 20. —des États-Unis.
* 21. —des républiques du Nouveau-Monde.
* 22. —de la Chine.
  23. —de la révolution française.
  24. —du consulat et de l'empire.
  25. —de la révolution d'Angleterre.

26. Table chronologique de l'histoire de tous les peuples.
27. Biographie des hommes célèbres.

SCIENCES.

* 28. Élémens de grammaire française.
  29. — de rhétorique française.
  30. — de mythologie.
  31. — de géographie.
* 32. Astronomie. 1re p.
* 33. _Id._ 2e p.
* 34. Arithmétique.
  35. Algèbre.
  36. Géométrie.
  37. Logique.
  38. Métaphysique.
  39. Morale.
  40. Art de lever les plans.
  41. Mécanique.
* 42. Physique. 1re p.
* 43. _Id._ 2e p.
* 44. Chimie. 1re p.
* 45. _Id._ 2e
  46. Histoire naturelle.
  47. Minéralogie.
* 48. Botanique.
  49. Zoologie.
  50. Médecine.